Die Farben der Erde AFRIKA

Die faszinierendsten Naturlandschaften des »Schwarzen Kontinents«

April 2020

DIE FARBEN DER ERDE

AFRIKA

Es gibt nicht wenige Wüstenfahrer, die meinen, die Berge und Dünen von Air und Ténéré in Ni
anmutigste Landschaft der Sahara. Wer sie leibhaftig gesehen hat, kann schwer widersprecher

rafie in der Wildnis des südlichen Afrika: Diese Antilope im grandiosen Chobe-Nationalpark in
cheint sich sehr dafür zu interessieren, wer sich da für sie interessiert.

Bäume wie expressionistische Skulpturen: Die Köcherbäume in Keetmannshoop in Namibia w
ders während des Sonnenaufgangs so, als habe sich die Natur hier als Künstler versuchen wol

verdanken die Bäume, die zur Familie der Aloe-Gewächse gehören, allerdings einem profane-
r Stamm ist sehr weich, und wenn man ihn aushöhlt, hat man den perfekten Köcher.

Ausgebleichte Gerippe toter Bäume, die wie Mahnmale der Vergänglichkeit allen irdischen Le
Die Namib-Wüste im Westen Namibias hält viele solcher Momente des Schaurig-Schönen bere

mitten der Halbwüsten des südlichen Afrika: Während der Regenzeit verwandelt das Okavango-
tswana riesige Landstriche in Feuchtgebiete – sehr zur Freude etwa dieses Nilkrokodils.

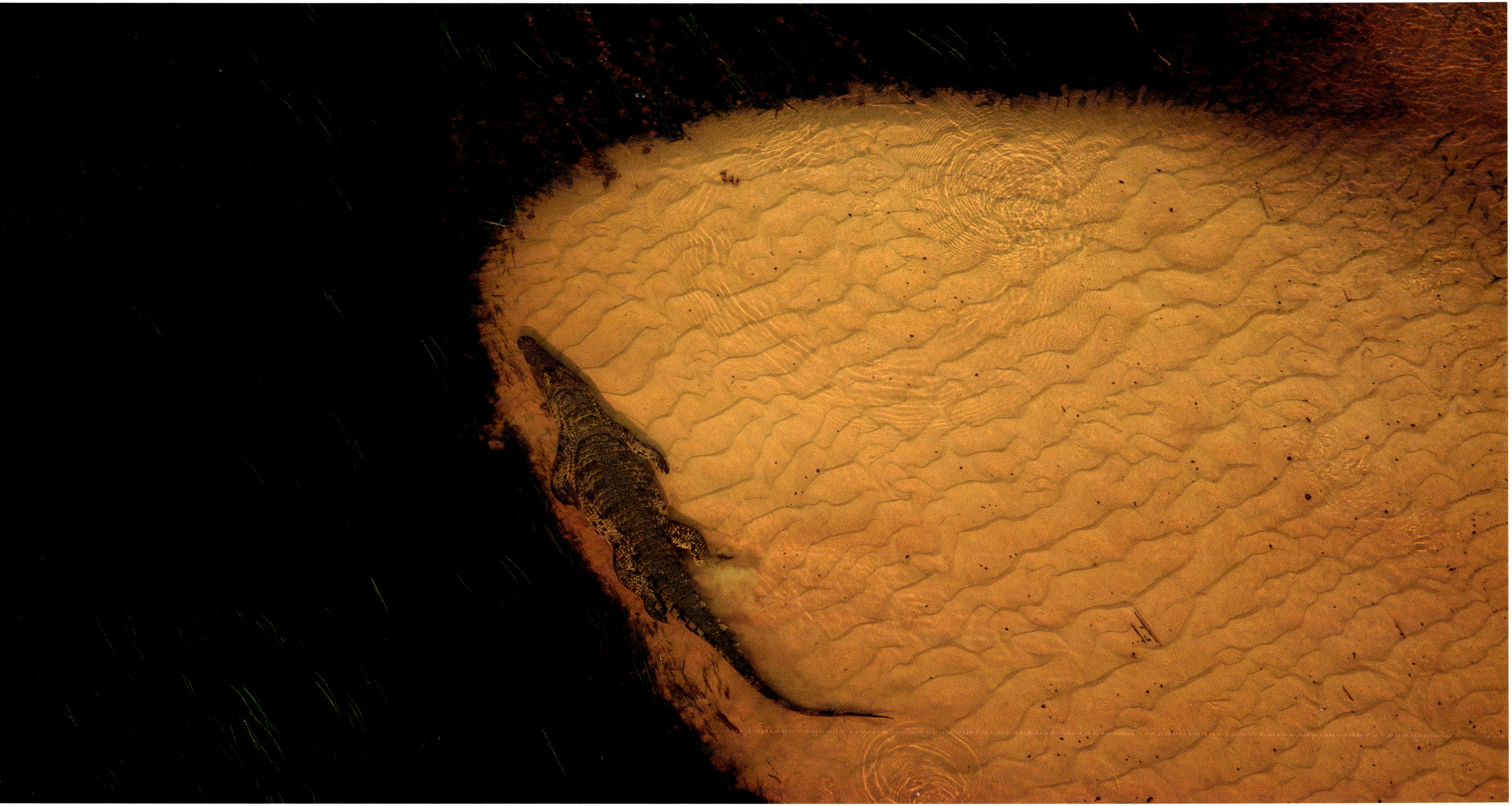

Der spektakulärste Wasserfall ganz Afrikas: Mehr als 100 Meter tief stürzt sich der Sambesi an d
Falls in die Tiefe. Und sein Sprühnebel steigt manchmal bis zu 300 Meter hoch auf.

urm noch ein berauschender Anblick: Die Anse Severe auf der Seychellen-Insel La Digue wird
venn es darum geht, wem die Krone als schönster Strand der Welt gebührt.

Was für eine Untertreibung ist der Name, der man dieser Strecke entlang der Südküste Südafr
hat: Gartenroute wird sie genannt und ist zurecht eine der größten Attraktionen des Landes.

Afrika ist alles andere als schwarz. Es ist ein Kontinent der tausend Farben, eine Welt, in der die Natur ihrer Fantasie so freien Lauf gelassen hat, dass der Mensch nur noch staunen und schweigen kann. Alles gibt es in Afrika: die größte Wüste der Erde und die grandiosesten Naturreservate des Planeten, dampfende Dschungel und Gipfel mit Kronen aus Schnee, rettungslose Einsamkeit und prallstes Leben. Wer jemals das Farbenspiel der Sahara gesehen hat, dieses berauschende Changieren zwischen Gelb und Rot und Orange, wird sich nie wieder vor der Wüste fürchten, sondern sich immer nach ihr sehnen. Wer jemals in der Serengeti zwischen Tausenden von wilden Tieren eine

t viel mehr als nur eine Route durch gepflegte Gärten mit gestutzten Hecken. Hier erlebt man
e Landschaften, spektakuläre Buchten und zwei Ozeane, die sich miteinander vermählen.

Welt erlebt hat, die wie die Schöpfung vor der Erschaffung des Menschen wirkt, wird dieses Bild ein Leben lang nicht mehr vergessen. Wer jemals von den rosafarbenen Wolken Zehntausender Flamingos an den Salzseen Tansanias und Kenias umflattert wurde, wird Traum und Wirklichkeit kaum noch auseinander halten können. Und wer jemals am Kap der Guten Hoffnung im äußersten Süden des Kontinents gestanden hat, das wie ein gigantischer Felssporn den Atlantischen vom Indischen Ozean trennt, der weiß, wo das beeindruckendste Ende der Erde liegt. Dieser Bildband nährt die Illusion, die Schönheit des Kontinents mit eigenen Augen gesehen zu haben.

Die höchsten Dünen der Welt in der ältesten Wüste der Erde: Das Sossusvlei in der Namib ist e
drücklichsten Landschaften Namibias, vom Eisenoxid des Sandes in ein mysteriöses Rot getau

BU S. 2/3: Gewitterwolken am Horizont tauchen die Wolwedans Dunes Lodge im NamibRand Nature Reserve in ein mystisches Licht.

NP = National Park

man nur mit viel Einfallsreichtum – so wie der Nebeltrinkerkäfer, der sich kopfüber auf die
nit seinem Hinterteil Nebeltropfen auffängt und sie in seinen Mund gleiten lässt.

Friedlich dösend und sorgsam mit grünen Algen und Schlamm zugedeckt wirken diese Nil
Krüger-Nationalpark wie gutmütige Zauberdrachen. Doch der erste Eindruck täuscht.

in dieser entspannten Position bleiben die Sinne wach. Die Augen und die Ohren nehmen jede
und jedes Geräusch wahr und die Tiere können ad hoc ins Wasser stürzen.

Das schönste Streifenmuster der Savanne: Ein eleganteres Kleid als das Zebra trägt kein ander
Wildnis. Das schützt es allerdings nicht davor, eine beliebte Beute etwa von Löwen zu sein.

stimmt hier nicht. Das scheint sich dieses Zebra zu sagen, das unversehens in eine riesige
geraten ist und verdutzt nach seinen eigenen Artgenossen Ausschau hält.

NORDAFRIKA

Auf den ersten Blick könnte man das nördliche Afrika für eine Welt von schrecklicher Monotonie halten. Denn es wird von einer einzigen Landschaft bis zur Tyrannei geprägt: von der Sahara, der größten Wüste der Welt, vor der es kein Entrinnen gibt. Und doch verbirgt sich hinter dieser gewaltigen Ödnis aus Sand und Stein eine wahre Wundertüte der Fantasie. Die Sahara hütet nicht nur Schätze wie Hunderte Meter hohe Sanddünen, sondern auch mysteriöse Vulkane, Überreste urzeitlicher Meere und Sonderbarkeiten wie zwergwüchsige Krokodile, die als Irrläufer der Schöpfung an Wüstentümpeln leben.

Selbst der größten Lebensfeindlichkeit trotzen noch Menschen – so auch im Hohen Atlas, Mar
tigem Gebirge, in dessen Einsamkeit man immer wieder versprengte Spuren von Zivilisation fir

Hier ist alles zu Ende, hier hat kein Leben mehr eine Chance: So entsetzlich, so bedrückend sind bis heute die Einsamkeit und die Kargheit des Hohen Atlas, dass man die antiken Gelehrten und Dichter sofort versteht, die in diesem gewaltigen Gebirge die westliche Grenze der bekannten Welt sahen. Homer und Herodot glaubten fest daran, dass jenseits des Hohen Atlas das schreckliche

Nichts liegen müsse. Und wie seine Vorahnung muten noch immer die endlosen Geröllfelder und kahlen Bergkämme, die ausgetrockneten Flusstäler und furchterregenden Schluchten, die windumtosten Hochebenen und schneebedeckten Gipfel des Gebirges an, das sich als 800 Kilometer langer Riegel von der marokkanischen Atlantikküste bis nach Algerien zieht. Hier halten es nur noch Schakale, Hyänen und Eidechsen aus und ein paar zähe Nomaden, die ein Spinnennetz aus Trampelpfaden über den Hohen Atlas gespannt haben. Immer wieder sieht man die Reste ihrer improvisierten Koppeln, die sie mit aufgeschichteten Gesteinsbrocken eingezäunt haben – und fragt sich unwillkürlich, wie man hier leben kann, ohne vor lauter Verlorenheit den Verstand zu verlieren.

as ist kein steinernes Leichentuch, sondern die Quelle allen Lebens für den Nordwesten Afrikas.
hllose Flüsse und schenkt den Ebenen Marokkos verschwenderische Fruchtbarkeit.

DADES-TAL

Wasser ist die machtvollste Fräse der Natur: Im südlichen Marokko hat der Dades-Fluss die Lar
seinen Vorstellungen geformt und dabei eine grandiose Steinskulptur entstehen lassen.

Wasser ist in der Wüste immer ein Mysterium. Es ist unzweifelhaft da, doch meistens sehen wir es nicht. Es kommt manchmal in Sturzbächen wie eine plötzliche Sintflut, um dann für Monate, wenn nicht Jahre wie von der Erde verhext zu sein. Es wirkt wie ein kostbares, fragiles Gut, das man mit größter Vorsicht behandeln muss, und kann doch mit seiner Kraft ganze Landschaften nach

seinem Willen formen. So ist es auch im Dades-Tal im Süden Marokkos unmittelbar an der Grenze zur Sahara. Hier hat der rätselhafte Dades-Fluss im wahrsten Wortsinne tiefe Spuren hinterlassen. Er entspringt im Hohen Atlas, sucht dann seinen Weg Richtung Süden, frisst sich dabei Hunderte Meter tief ins Gestein, biegt zwischen Hohem Atlas und Antiatlas abrupt nach Westen ab, vereinigt sich bald darauf mit dem Draa-Fluss, bildet für kurze Zeit einen mächtigen Wüstenstrom und verschwindet dann so plötzlich, wie er gekommen ist, im Sand. Es ist ein spurloser Abschied, ein geheimnisvolles Versickern, als trete er ein in das verborgene, unterirdische Wasserreich der Wüste, aus dem er an irgendeiner Stelle ganz unvermittelt wieder hervortreten wird.

ussbett des Dades fast schon ausgetrocknet ist, wimmelt es in den letzten verbleibenden
n vor Fischen. Dann herrscht dort fast so viel Betrieb wie in einem Aquarium.

Keine Fata Morgana, sondern aus Lehm errichtete Wirklichkeit: Entlang des Dades-Flusse immer wieder befestigte Wehrdörfer der Berber mit ihren kubistisch verschachtelten Häusern.

cken die Gebäude zusammen, damit möglichst wenig Fläche des fruchtbaren Bodens
t wird. Jeder Quadratmeter wird gebraucht, um Mais, Feldfrüchte oder Weizen anzubauen.

Nicht wärmend und mild, sondern bedrohlich und beängstigend wirkt das Rot des Antiatl
Marokkos. Und die wenigen Dörfer sehen aus, als würden sie gleich in der Hitze des Gebirges

Vor 300 Millionen Jahren ging es in dieser Gegend nicht so still und friedlich zu wie heute. Damals sortierte sich hier die Erde neu und ließ die beiden Urkontinente Gondwana und Laurussia mit unvorstellbarer Wucht aufeinanderkrachen. Das Resultat dieser Kollision ist der Antiatlas, der sich fast 3000 Meter hoch auftürmt, 500 Kilometer weit vom Südwesten Marokkos Richtung Nordosten zieht und dabei fast nahtlos in die Sahara übergeht. Wenn man heute durch den Antiatlas fährt, könnte man glauben, das Gebirge habe sich noch immer nicht von diesem erdgeschichtlichen Schock erholt. Wie eine Trümmerlandschaft der Geologie sieht es aus, unwirtlich, unfruchtbar, lebensfeindlich, eine glühend heiße Hölle, längst verdurstet, weil kein Regen mit ihr Gnade hat, und dabei in all der Grausamkeit ihres Schicksals von grandioser Schönheit. Kaum eine Pflanze hält es hier aus außer ein paar unerschrockenen Opuntien, Kakteen und Dornbüschen, fast unmöglich ist es, dieser Erde ein bisschen Gerste abzupressen oder eine Handvoll Schafe und Ziegen satt zu bekommen. Und trotzdem gelingt den Berbern hier seit Jahrhunderten das Wunder des Überlebens.

Entfernung erinnert der Antiatlas an ein Kunstwerk der Natur – an eine Collage im Stil des
xpressionismus, geschaffen mit Gips und grünen, roten, gelben Farbtuben.

Wüst und leer und wunderschön: Der Antiatlas, Marokkos schroffstes Gebirge, sieht aus wi
jener Zeit, als die Schöpfung noch lange nicht vollendet war, sondern ganz am Anfang stand.

e Landschaften, die uns Menschen ganz kleinlaut werden und für einen berauschend langen,
n Moment den Lärm und die Getriebenheit der Welt vergessen lassen.

Die spektakulärsten Sehenswürdigkeiten im südlichen Marokko: »Speicherburgen« werden die halbnomadischen Berber auch genannt, weil sie in ihnen ihr Korn und ihren Hausrat deponier

Eine Fata Morgana, eine Sinnestäuschung, eine Phantasmagorie – daran denkt jeder, der auf der Straße der Kasbahs von der marokkanischen Stadt Fes nach Timbuktu in Mali unterwegs ist und zum ersten Mal vor einer dieser Festungen aus gestampftem Lehm steht: mächtige Burgen mit Türmen und Zinnen und Schießscharten, die so unvermittelt aus der Einsamkeit des Atlas-Gebirges und seiner Wüsten auftauchen, als seien sie vergessene Filmkulissen. Einige der Burgen sind erst 150 Jahre alt, andere 800 Jahre, manche sind verlassen, in manchen aber herrscht immer noch ein Betrieb wie zu Zeiten der großen Salzkarawanen, die einst in den Kasbahs Schutz suchten.

dschaft, modelliert aus Sand, umschmeichelt vom warmen Licht der Sonne: Die Wüste Erg
nes der beeindruckendsten und bei Touristen beliebtesten Naturwunder Marokkos.

Es gibt Bilder in unserem kollektiven Gedächtnis, die über jeden Zweifel erhaben sind. So werden fast alle Menschen auf die Frage, wie die perfekte Wüste aussehen sollte, dieselbe Antwort geben: ein wogendes Meer aus Sanddünen, in den schönsten Gelb- und Rottönen schimmernd, vom Wind zärtlich gestreichelt und mit immer neuen Rillenmustern betupft, ein Ort erhabener Stille, der uns das Gefühl völliger Wunschlosigkeit schenkt. Genauso sieht die Wüste Erg Chebbi in Marokko aus. Es gibt nur ein winziges Problem mit ihr: Sie ist nicht die typische Landschaftsform des nordafrikanischen Landes, sondern gerade einmal 20 Kilometer lang und fünf Kilometer breit.

»Ein Meer aus Dünen« – so lautet die Übersetzung des arabischen Wortes Erg. Und exakt so sieh
erstarrte Wellenlandschaft der Wüste Erg Oriental in der westlichen Sahara aus.

Wir alle haben eine genaue Vorstellung von der perfekten Wüste: Sie ist in ihrer idealtypischen Form ein Meer aus nichts anderem als Sand, das der Wind unablässig verändert, zu immer neuen Hügeln, Kämmen, Spitzen, Senken modelliert wie ein nimmermüder Bildhauer, und über das vom Licht im Laufe des Tages permanent neue Farben gegossen wird – von einem satten Gelb über ein zartes Orange bis zu einem flammenden Rot, wenn die Sonne am Horizont verschwindet. Genau so muss eine Wüste aussehen, sonst ist sie keine richtige Wüste. Aber so sehen höchstens ein Fünftel aller Wüstenlandschaften der Erde aus, weil sich die Natur um unsere ästhetischen Ideale nicht schert. 70 Prozent der Wüsten bestehen aus unansehnlichem Geröll, zehn Prozent aus Kies. Vielleicht ist gerade deswegen die Faszination einer perfekten Sandwüste so groß – und am allergrößten ist sie im Erg in der westlichen Sahara, deren Dünen sich bis zu 300 Meter hoch auftürmen und aus so feinem Sand geschichtet sind, dass sie tatsächlich ihre Gestalt mit jedem Schritt zu verändern scheinen, um dabei jedes Mal noch überwältigender, noch vollkommener zu werden.

l jemals wieder behaupten, die Wüste sei monoton und langweilig, einfallslos und öde, wenn er
al hautnah erlebt hat. Und schon gar niemand wird das über den Erg sagen.

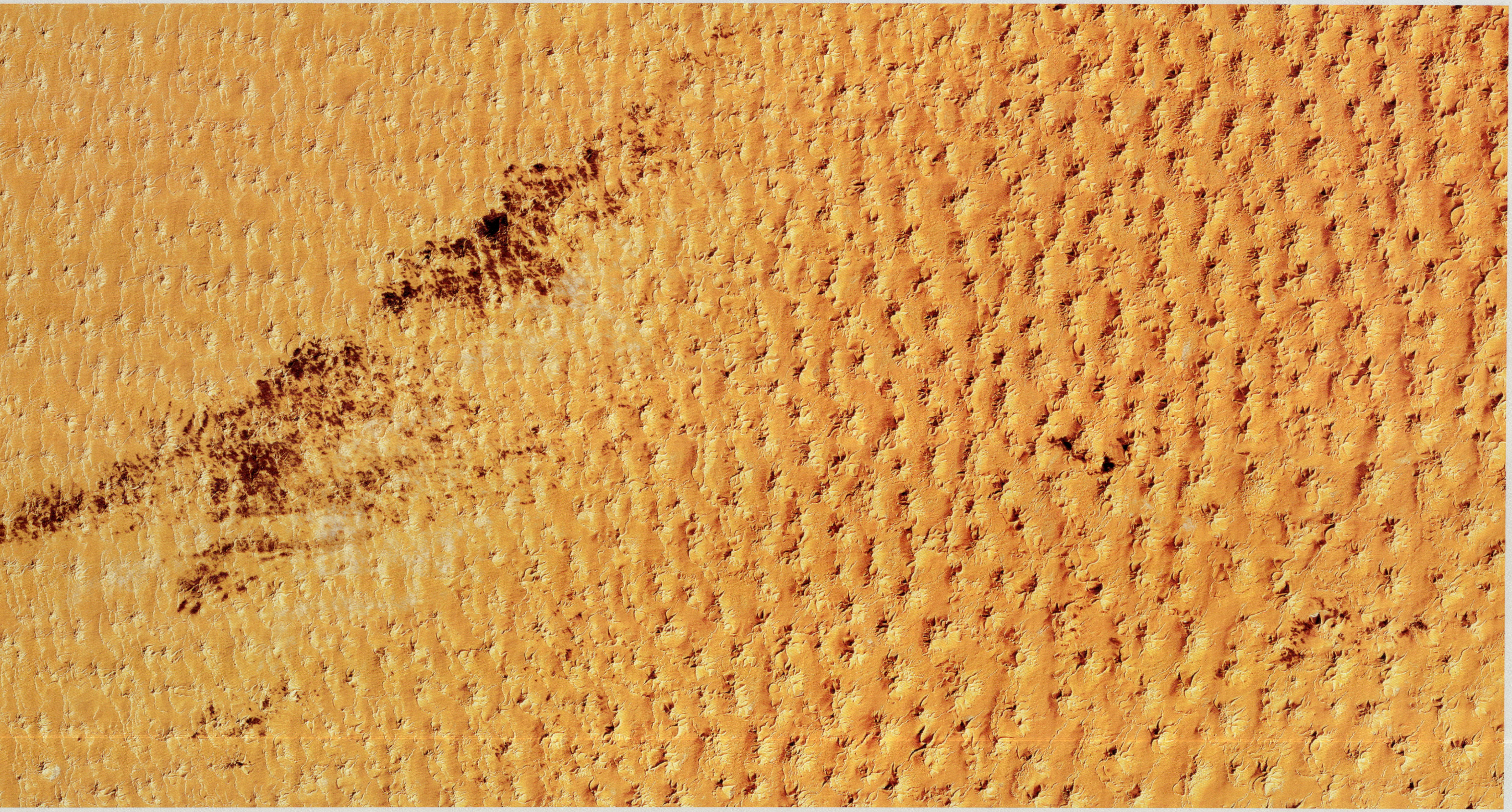

Hunderte dieser eigenartigen Sandsteinstelen stehen in der Tassili-Wüste im Südosten Al
könnte glauben, sie seien vor Urzeiten aus der Erde gewachsen und irgendwann versteinert.

…t nicht nur, sie ist oft auch schön bunt. Eisen- und Manganoxid sind dafür verantwortlich, dass …er stark zerklüfteten Tassili N'Ajjer eine dezente rote Färbung erhält.

Dieses Naturwunder war für die UNESCO Grund genug, Tassili zum Weltnaturerbe zu erkläre
Weltkulturerbe gleich dazu, weil es in dieser riesenhaften Wüste auch noch ganz andere Schät

Welcher böse Zauberer hat diesen Stelenwald so grausam versteinert? Welches schreckliche Verbrechen müssen diese Säulen begangen haben, um mit einer solchen Strafe belegt zu werden und jetzt in der Einsamkeit im Herzen der Sahara ein Eremitendasein zu führen? Das werden sich auch die rätselhaften Völker gefragt haben, die vor Jahrtausenden in der Tassili-Wüste im Südosten Algeriens

lebten und Abertausende Spuren in Form von Keramikresten, vor allem aber von Wand- und Höhlenmalereien mit Alltagsdarstellungen und Tierzeichnungen hinterlassen haben. Als sie hier vor 10 000 Jahren ihre Heimat hatten, war das Klima wesentlich angenehmer als heute. Es gab Wildtiere zum Jagen, Früchte zum Sammeln und ausreichend Wasser zum Kultivieren von Feldern. Doch es gab noch keine Geologen, die den Menschen sagen konnten, dass die Sandsteinstelen kein Werk eines wütenden Zauberers sind, sondern die Kinder des Windes und des Wassers, des Regens und der Erosion, die in Jahrtausenden aus der Wüste geschält wurden. Dann fiel die Trockenheit über die Wüste wie eine Verdammnis, vertrieb die Menschen und schickte den Stelenwald in das Exil der ewigen Einsamkeit.

e Quadratkilometer Fläche bedeckt die Gebirgskette Tadrart Settefet im südlichen Algerien und
uf dieser gigantischen Bühne Landschaftsbilder von atemberaubender Pracht.

Auch Kamele müssen in die Schule. Das weiß niemand besser als das Volk der Tuareg, das in der lebensfeindlichen Wüstenwelt der Sahara, zum Beispiel rund um das Gebirge Tadrat Settefet in Algerien, die Kunst des Überlebens perfektioniert hat. Wenn die jungen Kamele ein schulreifes Alter erreichen, werden sie von den Tuareg zu einem Oleanderstrauch mit rosafarbenen Blüten geführt, einer der wenigen Pflanzen, die hier wachsen. Dann zünden sie den Strauch an und lassen den Rauch so lange in die Nüstern der Kamele ziehen, bis diese vor Schmerz brüllen. Es ist eine Lektion fürs Leben: Niemals sollen sie von diesem Oleander naschen, so groß ihr Hunger auch sein mag, denn seine Blätter enthalten ein tödliches Gift. Nur wer solche Tricks kennt, kann in der Ödnis bestehen – und niemand kennt sie besser als die wehrhaften Tuareg, die in ihrer langen Geschichte so oft Opfer von Verfolgung und Vertreibung gewesen sind und von strenggläubigen Arabern als »Söhne des Satans« verunglimpft wurden, weil sie ihre Freiheit so sehr lieben und sich keinen religiösen Gesetzen wie der Verschleierung von Frauen unterwerfen wollen.

HOGGAR-GEBIRGE

Das steinerne Herz der Sahara: So wird das Hoggar-Gebirge in Algerien ehrfurchtsvoll ge
3000 Meter hoch ragen seine Gipfel in den Himmel und bitten dort die Wolken um ihr Wasser.

Charles de Foucauld war ein Mann wie aus einem Mysterienroman – Gottes Mann in der Wüste, in der er ein einsamer Rufer blieb, bis ihn sein schreckliches Schicksal ereilte. Elf Jahre lang, von 1905 bis 1916, lebte der Trappistenmönch im Hoggar-Gebirge im Süden Algeriens, baute sich am Fuß des höchsten Berges eine Asketenhöhle und hauste fortan als Eremit im Land der Tuareg. Er lernte ihre Sprache, studierte ihre Kultur, übersetzte ihre Geschichten und versuchte sie zum rechten Glauben zu bekehren. Doch kein Einziger der kriegerischen Nomaden ließ sich überzeugen, dem Gott der Christen zu folgen. Die Tuareg respektierten indes den seltsamen Heiligen, dem sie nie ein Haar gekrümmt hätten. Das taten schließlich islamische Fanatiker, die bei einem Aufstand gegen die französische Kolonialmacht den Eremiten hinterrücks ermordeten. Das Glaubensbekenntnis von Charles de Foucauld aber, der 2005 von Papst Benedikt XVI. selig-gesprochen wurde, lebt weiter. Und es ist viel größer als der Streit zwischen den Religionen: »Alle Menschen«, schrieb er, »gleich ob Muslime, Christen oder Heiden, sollen mich als ihren Bruder ansehen.«

nel schenkt sein Nass dem Hoggar, der es wiederum großherzig weitergibt. Noch in Hunderten
rn Entfernung speist er Oasen mit dem Regenwasser, das er gesammelt hat.

ERG UBARI UND UMM-AL-MAA

Nichts als Sand, nichts als Dünen bis zum Horizont und weit darüber hinaus: Wer glaubt, Monot
weilig und öde, kennt die grandiose Wüste Erg Ubari im Südwesten Libyens nicht.

Sieben Milliarden Menschen leben auf der Erde. Städte mit 30 Millionen Einwohnern gibt es inzwischen und ganze Länder, die zu einer einzigen Siedlungsflechte zusammengewachsen sind. Wir erleben gerade den Rausch der Globalisierung, eine wahnwitzige Beschleunigung des Lebens, die Abschaffung des Privaten in einer vollkommen vernetzten Erde, in der es fast keine Fluchträume mehr gibt. Ist es da ein Wunder, dass in einer solchen Welt die Sehnsucht nach der Wüste unbezwingbar wird? Nach einer Wüste wie der Erg Ubari im Südwesten Libyens, deren vollkommene Leere so berauschend ist? In dieser Ödnis ist man ganz auf sich selbst zurückgeworfen, scheinbar jenseits von Zeit und Raum. Man sieht nichts als die Endlosigkeit des Sandes, spürt nichts außer dem Augenblick, hat keine Vergangenheit mehr, keine Erinnerung, keine Gedanken, keine Sorgen und auch keine Zukunft, doch das ist einem in diesem Moment egal. Das ist die geheimnisvolle Kraft der Wüste, der schon so viele ihrer Besucher erlegen sind: dass man einen Raum betritt, der eigenen Gesetzen gehorcht, ganz so, als sei er nicht von dieser Welt.

tauchen in diesem Meer aus Sand Seen auf wie der Umm-al-Maa – Augen inmitten der Wüste
unwirklichen Blau, dass man an seinem Verstand zweifelt, bis man das Wasser berührt.

Dort, wo das Nichts herrscht, wird das Verschüttete der eigenen Seele sichtbar. Diese Se
machte nicht nur der Schriftsteller Paul Bowles nach einer Reise zu den Dünen der Sahara.

Doch Schönheit alleine kann den Reiz nicht erklären, den Sandwüsten wie die Erg seit jeher auf uns Menschen ausüben. Seit Jahrtausenden ziehen sie uns in ihren Bann, schon immer wollten wir uns dieser lebensfeindlichen Landschaft stellen – nicht um sie zu bezwingen, sondern eher um uns von ihr bezwingen zu lassen. Der französische Dichter Antoine de Saint-Exupéry, Erfinder des »Kleinen Prinzen« und wohl größter Wüstenliebhaber der Weltliteratur, hat sich fast obsessiv mit der Ödnis beschäftigt, ist immer wieder in sie zurückgekehrt, um sich an ihrer illusionistischen Leere zu berauschen. Denn sie ist gar nicht leer, sondern lebt, nicht erst seit dem berühmten Dokumentarfilm mit diesem Titel. »Die Sahara ist lebendiger als eine Hauptstadt«, schrieb Saint-Exupéry einmal, doch ihr wahres Geheimnis war für ihn ein anderes: »Die Wüste ist das, was in uns reift, und das, was wir über uns selbst erfahren.« Sie ist sogar der Garten Allahs, wie die arabischen Wüstenbewohner sagen, ein Ort des stillen Friedens, an dem man nichts sieht, nichts riecht, nichts spürt außer dem Wind und dem Sand auf der Haut – und an dem man seinem Innersten am besten lauschen kann.

sammenspiel von der Weichheit des Sandes und der Schroffheit des Steins, vom Fließenden und
, vom Vergänglichen und Ewiggültigen, das diese Landschaft so einzigartig macht.

Aus nichts als Sand und Stein hat die Natur in den Akakus-Bergen unweit der Oase Ghat an
algerischen Grenze eine Landschaft von ebenso stiller wie überwältigender Schönheit geschaf

s Gebirge auch Tausende spektakulärer Felszeichnungen aus den Anfängen der Menschheits-
tet, ist es von der UNESCO mit dem Titel eines Welterbes der Menschheit geadelt worden.

Die Wüste lebt nicht nur, sie hat auch eine Geschichte, die sie hütet wie einen verborgenen Schatz. Nichts deutet auf den ersten Blick in der Oasenstadt Ghat und dem angrenzenden Akakus-Gebirge im Süden Libyens darauf hin, dass hier vor 2500 Jahren ein schwunghafter Transsahara-Handel stattfand. 1000 Jahre lang waren die Tuareg mit ihren Karawanen zwischen Zentralafrika und

der Nordküste des Kontinents unterwegs, um Handel mit den Karthagern und später den Römern zu treiben. Und noch viel älter sind die ältesten Spuren der Zivilisation im Akakus: Abertausende Felszeichnungen, von denen manche vor 14 000 Jahren entstanden sind, verbergen sich in den Höhlen des Gebirges.

Dies ist keine Computeranimation und keine Filmkulisse, obwohl es genauso aussieht: Der V
Namus und seine Krateroase liegen mitten in der Sahara wie eine Geistererscheinung.

n haben einen extrem hohen Salzgehalt, sollen bei Hautkrankheiten heilsam sein und werden
Mücken bevölkert. Deswegen heißt Waw an-Namus übersetzt »Oase der Mücken«.

Es gibt ganz wenige Orte auf der Erde, die so eigenartig sind, dass man sie nicht für real hält, sondern für das Hirngespinst eines Fantasten. Sprachlos steht man vor ihnen und denkt sich: So etwas kann es gar nicht geben. Genau solch ein Ort ist der Waw an-Namus in der östlichen Zentralsahara: ein Vulkan mitten in der Wüste, in dessen Krater eine Oase mit drei großen und 16 kleinen, ständig ihre Farbe wechselnden Salzseen liegt. Dieses Naturphänomen sieht aus wie eine Sinnestäuschung, wie eine mystische Stätte aus »1001 Nacht« und war tatsächlich jahrhundertelang ein sagenumwobener Ort, dessen Existenz immer in Zweifel stand. Nomaden berichteten von ihm, in Legenden tauchte er auf, doch erst 1876 fand eine arabische Expedition den Vulkan und die in ihm verborgene Oase, die von den früheren Bewohnern längst verlassen worden war. Doch unbewohnt war Waw an Namus nicht: Hunderte von Vögeln wurden und werden bis heute von den Abertausenden Mücken angezogen, die als flirrende Schwärme über den Salzseen schwirren wie ein frei gelassener Flaschengeist und diesem Ort endgültig jede Wirklichkeit rauben.

Ein Kunstmuseum mitten in der Natur: Die Weiße Wüste westlich von Kairo ist ein Skulpturenp
wie von Menschenhand gemacht. Doch hier haben sich ganz allein die Elemente ausgetobt.

Wir stellen uns das so vor: Nachdem sich die Natur die Sahara erschaffen hatte, die größte und trostloseste Wüste der Erde, und sich eine Zeit lang ihr Werk angeschaut hatte, wurde es ihr langweilig. Ein wenig fade und monoton erschien ihr dieses immergleiche Nichts aus Sand und Stein, und so entschloss sie sich, an einer Stelle, in der Weißen Wüste von Ägypten, ihrem Kunstsinn

zu frönen. Sie fing an, den Stein zu Skulpturen zu formen, benutzte dabei den Sand als Schmirgelpapier und ließ so Tier-, Menschen- und Sphinxköpfe und andere bizarre Kunstwerke entstehen. Dann trat sie zurück, betrachtete ihre Schöpfung – und fing wieder an, sich zu langweilen. Also kümmerte sie sich nicht mehr um ihre Kunstwerke, die nun ganz langsam wieder in sich zusammenfallen

und eines Tages verschwunden s
So war es natürlich nicht, sonder
profaner: Vor Jahrmillionen be
Ozean die Weiße Wüste. Er lage
sches Material ab, das sich zu Ka
dichtete, der wiederum nach der
gung der Wüste vom Wind zu
Steinwesen modelliert wurde –
schlechte Geschichte.

op zur Erforschung extraterrestrischer Lebensformen gehört zu den erstaunlichsten Steinskulp-
Veißen Wüste, die ihren Namen dem gleißenden Weiß des Kalksteins verdankt.

Längst ist der Nil gebändigt. Dank des Assuan-Staudamms tritt er nicht mehr über seine U
Feluken, die typischen Nilboote, fahren auf ihm wie seit den Zeiten des großen Ramses.

Ohne Wasser wäre die Welt wüst und leer, ein stummes Verderben. Nirgendwo wird diese Grundregel aller Existenz so deutlich wie beim Nil, dem längsten Fluss der Erde, der im Hochland von Ruanda und Burundi im Herzen Afrikas entspringt und nach einer fast 7000 Kilometer langen Reise im Mittelmeer mündet. Auf seinem Weg wird er von der Nubischen Wüste, der Libyschen Wüste, der

Arabischen Wüste begrenzt und schlägt eine Schneise des Lebens durch diese monströsen Monotonien der Lebensfeindlichkeit. Ohne den Nil wären Länder wie Ägypten und der Sudan nur Wüsteneien. Dank des Nils aber hat sich im Nordosten Afrikas eine der frühesten Hochkulturen der Menschheitsgeschichte entwickeln können: das Ägypten der Pharaonen.

sind wasserreicher als der Nil, aber keiner ist länger – und keiner spendet mehr Leben als
tige Strom, der seit Jahrtausenden Wüsten in blühende Landschaften verwandelt.

Taucher und Schnorchler bekommen glänzende Augen, wenn man vom Roten Meer spricht – u
hier einmal von farbenfrohen Einfleckschnappern umschwärmt wurde, kann sie nur zu gut vers

Auf der Weltkarte sieht das Rote Meer ganz und gar unscheinbar aus: ein dürrer Streifen Wasser, eingequetscht von zwei riesenhaften Wüsten, gesäumt von flachen, monotonen Ufern – 2200 Kilometer Langeweile zwischen Afrika und der Arabischen Halbinsel. Doch wehe, man taucht in dieses Meer ein. Dann entdeckt man eine Welt der Wunder, einen Farbenrausch, ein Formenfeuerwerk. Korallenriffe reihen sich auf 2000 Kilometer Länge aneinander, so nah am Ufer, dass selbst ungeübte Schnorchler an diesem Unterwasserschatz teilhaben können. Es ist ein Universum voller Riffhaie, Weißspitzenhaie und Walhaie, Mantarochen, Meeresschildkröten und Riesenkraken, Kaiserfische, Kugelfische, Doktorfische. Grimmige Muränen schlängeln sich durchs Wasser neben lebenslustigen Delfinen, leuchtenden Papageienfischen und schwerfälligen Seekühen. Und da es kaum einen Wasseraustausch zwischen dem Roten Meer und dem Indischen Ozean gibt, außerdem kein einziger Fluss hier seine Schwebestoffe ablagert, ist die Sicht auch noch so klar wie in einem Gebirgsbach – gekonnter versteckt kein anderes Meer seine Schönheit als das Rote.

uss auch höllisch auf der Hut sein. Denn allzu intensive Begegnungen mit giftigen Tieren wie den
n Zwergfeuerfischen und Rotfeuerfischen können schnell schmerzhaft enden.

KAPVERDISCHE INSELN

So schwarz und düster wie die Lavastrände sind auch die Schatten, die über dem Schicksal de
schen Inseln vor Westafrika liegen. Hunderttausende Sklaven wurden hier nach Amerika versch

Jahrtausendelang glaubten die Europäer, dass der Atlantik irgendwo tief im Süden in ein mörderisches Meer übergehen müsse. Etwa auf der Höhe der Kapverdischen Inseln – da waren sich alle Seefahrer einig – werde es so heiß, dass sich das Wasser in eine zähflüssige Masse verwandle, in eine Art gigantischen Höllenkochtopf, in dem jedes Schiff mit Mann und Maus verbrannt werde. Die

Portugiesen aber wollten sich mit diesem Seemannsgarn nicht abfinden. Sie fuhren immer weiter nach Süden, nahmen 1461 die Kapverden in Besitz, umrundeten das Kap Hoorn, fanden den Seeweg nach Indien und schrieben so Menschheitsgeschichte. Und die Kapverden waren fortan nicht nur eine Versorgungsstation, sondern auch der wichtigste Umschlagplatz für Sklaven aus Afrika.

erisch ist die Natur auf den Kapverden nur unter Wasser – dort aber umso mehr. Rund um das
melt es von Rochen und Muränen, Haien und Trompetenfischen, Marlins und Oktopussen.

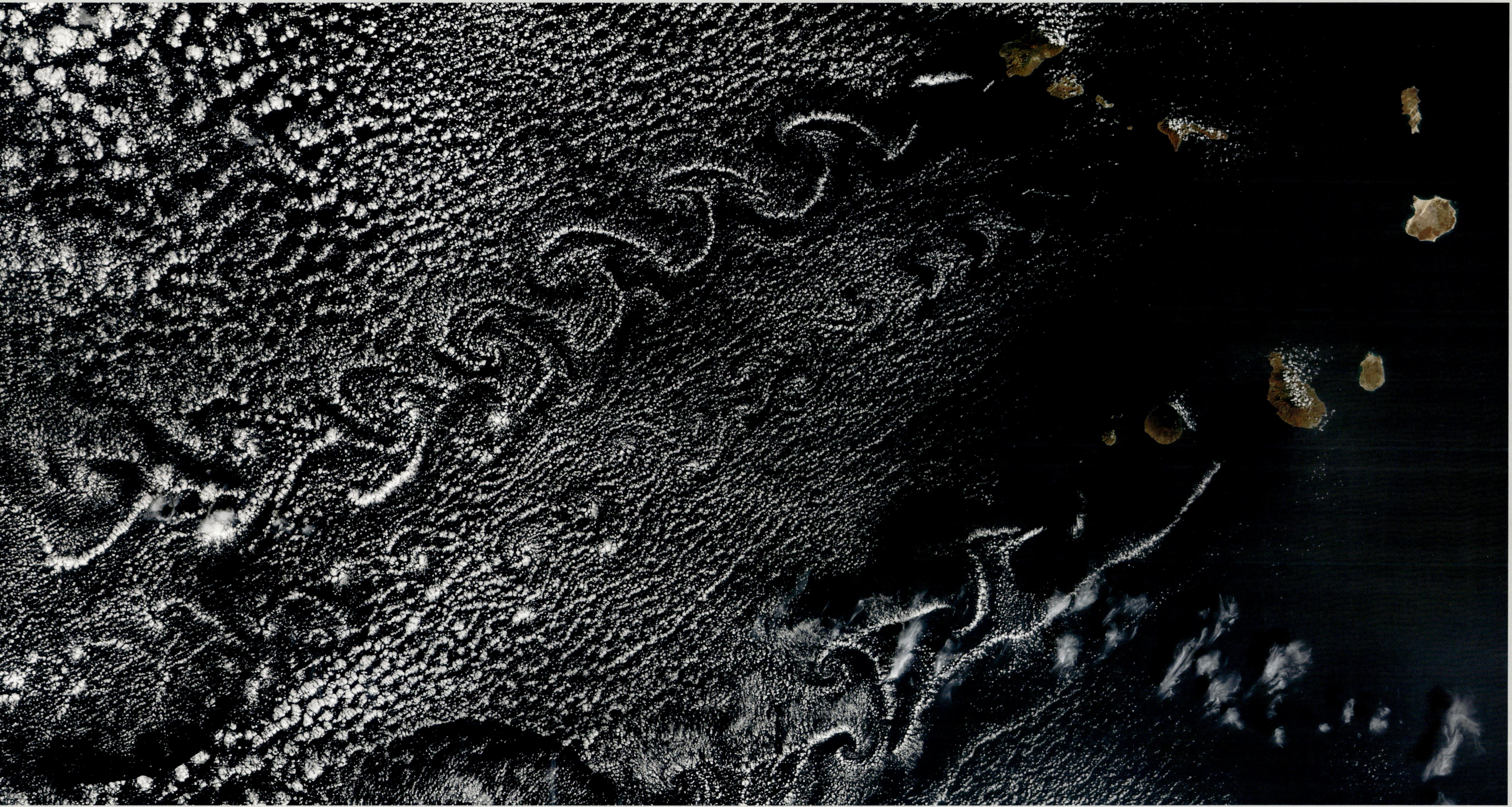

HOMBORI-GEBIRGE

Und der grandioseste Felsen heißt »Die Hand Fatimas«, weil er aussieht wie das Schutzsymb
schen Volksglaubens mit den fünf gespreizten Fingern. So haben böse Geister keine Chance.

Die Dschinn lauern überall, und sie können den Menschen das Leben zur Hölle machen: diese bösen Geister, die im arabischen Volksglauben zwar durch nichts und niemanden besiegt, aber immerhin in Schach gehalten werden können. Der wirkungsvollste Schutz gegen die Dschinn ist die Tochter des Propheten: Fatima, die Mutter sämtlicher Nachkommen von Mohammed, die Königin der Frauen des Paradieses. Ihre Hand mit den gespreizten fünf Fingern ist in der muslimischen Welt Nordafrikas und des Nahen Ostens der Inbegriff für den Schutz vor den Dschinn, aber auch vor dem bösen Blick. Es ist der Blick des Neides, der von den Menschen oft selbst aus reiner Unvorsicht hervorgerufen wird. Und so ist die Hand Fatimas das am weitesten verbreitete Symbol für Schutz und Glück von Marokko bis Persien. Die Gläubigen tragen die Hand als Amulett, die Tiere als Ketten um den Hals, und selbst die Natur scheint sich gegen böse Geister und böse Blicke schützen zu wollen: In den Hombori-Bergen in Mali hat sie sich einen Felsen geschaffen, der aus der Vogelperspektive exakt wie die Hand Fatimas aussieht – und deswegen auch so heißt.

Punkt von Mali ist zugleich auch sein spektakulärster: Die bis zu 1155 Meter hohen Hombori-
mit ihren erodierten Felsen wie Mahnmale aus dem flachen, staubigen Land.

AIR UND TÉNÉRÉ

Nigers schönster Schatz: Die Berge von Air und die Wüsten von Ténéré mit ihren eidotterge
dünen sind vielleicht die grandioseste Landschaftskomposition, die man in der Sahara finden

Wenn man erfahrene Wüstenfahrer fragt, wo die Sahara am überwältigendsten sei, senken sie die Stimme und flüstern nur zwei Worte, als hätten sie Angst, dass andere davon erfahren könnten: Air und Ténéré. Es sei, sagen sie verschwörerisch, diese Kombination, dieser Kontrast aus den schroffen, 2000 Meter hohen Air-Bergen und den endlosen Weiten der Ténéré-Wüste mit ihren Wanderdünen, die das Naturreservat im Niger so einzigartig machten. Doch es ist ein extrem fragiler, hochgefährdeter Schatz der Schöpfung. Hier leben Pflanzen und Tiere, die es nirgendwo mehr sonst in der Sahara und der Sahelzone gibt, hier kämpfen vor allem die letzten Mendesantilopen um ihr Überleben. Für ihren Schutz hat man allein ein Sechstel des fast acht Millionen Hektar großen Schutzgebiets reserviert; diesen Teil darf kein Tourist betreten. Ob die Säbelantilope und die Dünengazelle überhaupt noch existieren oder schon ausgerottet wurden, weiß man nicht. Die Biologen vermuten aber das Schlimmste und trösten sich mit den großen Beständen an Geparden, Goldschakalen und Mähnenschafen. Und uns bleibt wenigstens die Schönheit der Berge und Dünen, die unvergänglich ist.

ser führt der Niger an manchen Stellen mit sich, dass sich der drittlängste Strom Afrikas zu
innendeltas ausdehnt, zu Meeren inmitten der Weiten des afrikanischen Kontinents.

Wenn man verstehen will, warum Afrika die Menschen schon immer in seinen Bann geschlagen hat, muss man nur eine Bootsfahrt auf dem Niger unternehmen. Diese Tour auf dem drittlängsten Strom des Kontinents nach Nil und Kongo ist eine Reise tief hinein in die Vielfalt und Rätselhaftigkeit Afrikas, in seine Kontraste und Abgründe, aber auch in seine Lebenslust und Farbenpracht. Hoch oben in den Bergen Guineas entspringt der Strom, der dann einen weiten Halbkreis beschreibt und durch Mali, Niger, Benin und Nigeria fließt, um schließlich im Golf von Guinea in einem riesenhaften Delta zu münden. Auf seinem Weg kommt er durch Steppen und Savannen, Wüsten und Regenwälder, er streift die Einsamkeit im leeren, finsteren Herzen des Kontinents und strömt ein paar Hundert Kilometer weiter durch unfassbar dicht bevölkertes Land. Mehr als 100 Millionen Menschen versorgt der Niger mit Trinkwasser, ohne ihn wären Millionen Quadratkilometer wüst und leer. Zwei Staaten, Niger und Nigeria, gibt er ihren Namen, Dutzenden Völkern gilt er als heiliger Fluss. Und wenn er schließlich im Atlantischen Ozean verschwindet, nimmt er das Rätsel seines Reizes nicht mehr ungelüftet mit.

TIBESTI-GEBIRGE

Idyllisch ist das Tibesti-Gebirge im Tschad nur ganz selten. Die heißblütigsten Vulkane der Sa
höchsten Gipfel findet man in dieser Gegend, in der es kaum Spuren von Zivilisation gibt.

Im Jahr des Herrn 1862 beschloss der Pfarrerssohn Gustav Nachtigal, dem Tod von der Schippe zu springen. Die Tuberkulose hatte schon seinen Vater ins Grab gebracht, zwei seiner Brüder waren von der Krankheit dahingerafft worden. Und nun spürte auch Gustav Nachtigal, wie sie in seinen Leib kroch und ihm die Lebenskraft raubte. Seine einzige Rettung, so glaubte er, sei das heiße, trockene Klima Afrikas. Also beschloss er, nach Tripolis in Libyen zu gehen, schloss sich dort einer Expedition in Richtung Süden an und gelangte nach einer unvorstellbar qualvollen Reise als erster Europäer ins Tibesti-Gebirge im Tschad – in eine der isoliertesten Gegenden der Sahara, in eine brodelnde Schreckenslandschaft fauchender, feuerspuckender Vulkane. Nachtigal überlebte diese Welt des Grauens, kehrte 1875 triumphal nach Deutschland zurück, wurde mit Ehrungen überschüttet, stieg zum Generalkonsul in Tunesien und später zum Reichskommissar für Westafrika auf und handelte in Togo Verträge mit den Stammesfürsten aus. Auf der Rückfahrt 1885 starb Gustav Nachtigal an der Malaria. Erst hatte ihm Afrika das Leben geschenkt – und dann genommen.

dieser Gebirgszug in der Wüste, dass man seine vulkanische Aktivität erst in den 1970er-
kte – dank eines sowjetischen Satelliten, der einen Vulkanausbruch beobachtete.

Keine Fata Morgana, sondern tatsächlich ein mächtiges Sandsteinplateau mitten in der Sahar
Ennedi im Tschad ist eine der rätselhaftesten Landschaften der weltgrößten Wüste.

Auf keine andere Region der Sahara trifft der Begriff der verlorenen Welt so sehr zu wie auf Ennedi-Tibesti im Nordosten des Tschad, auf dieses »Land des Hungers«, wie die Nomaden es ehrfurchtsvoll schaudernd sagen. Das Sandsteinplateau von Ennedi ist so weit weg vom Rest der Erde, dass hier die seltsamsten Tiere hausen – Krokodile zum Beispiel, die wegen ihrer jahrtausendelangen

Isoliertheit zwergwüchsig geworden sind und jetzt eher an Plüschtiere als an Urzeitechsen erinnern. Auch die letzten Löwen der Sahara gibt es in Ennedi, wenngleich man sie kaum noch zu Gesicht bekommt. Sie werden wohl bald genauso ausgestorben sein wie der Säbelzahntiger, der hier noch vor 12 000 Jahren mit seinen 20 Zentimeter langen Eckzähnen seine Beute riss.

n können über die Entstehung des leuchtend orangefarbenen Ennedi nur spekulieren. Sie
ar, dass er vor 130 Millionen Jahren der Ursprung des Uramazonas gewesen sein könnte.

OUNIANGA KEBIR

Vielleicht das größte Wunder der Sahara: Nur in Ounianga im Tschad und nirgendwo sonst findet man Süßwasserseen inmitten einer Wüste. Überall sonst versalzen solche Gewässer.

Man stelle sich vor: Ein Wüstenfahrer kommt aus dem tiefsten Inneren der Sahara, mitten aus dem sandigen Herz der Finsternis, und behauptet, dort gebe es Seen, nicht einen, sondern gleich ein ganzes Dutzend. Und sie seien nicht, wie alle anderen Wüstenseen auf Erden, mit Salzwasser gefüllt. Nein, er habe aus ihnen getrunken, denn ihr Wasser sei süß. Man hätte den armen Tropf für verrückt

erklärt, weil die Wahrheit einfach zu unglaublich ist. Es gibt diese wundersamen Gewässer tatsächlich: die 15 Ounianga-Seen im Tschad, die einzigen Süßwasserseen inmitten einer Wüste. Sie werden von unterirdischen Quellen gespeist, die so reichhaltig sind, dass die enorme Verdunstung kompensiert und diese natürliche Unmöglichkeit wahr wird.

stelle der Sahara ist so bekannt wie der Guelta d'Archei im Nordosten des Tschad. Denn hier
ur die üblichen Wüstenbewohner ihren Durst, sondern auch Krokodile.

Welchen Tieren begegnet man in der Wüste? Das ist eine kinderleichte Frage, sollte man meinen. Kamele und Dromedare gehören zu den Kandidaten, natürlich auch Skorpione und Springmäuse, Sandvipern und Gazellen, Wüstenfüchse und allerlei andere Tiere, die mit wenig oder gleich ganz ohne Wasser auskommen. Und wie sieht es mit Krokodilen aus? Gäbe ein Kind diese Antwort auf die

kinderleichte Frage, würde man ihm freundlich erklären, dass Krokodile in Flüssen oder Lagunen leben und ohne Wasser nicht sein können. Wäre das Kind nun ein vorlauter Schlauberger, würde es antworten: Wohl noch nie vom Guelta d'Archei im Nordosten des Tschad gehört, dem berühmtesten Wasserloch der Sahara? Denn hier, in einer Schlucht tief im Inneren des Ennedi-Massiv, leben tatsächlich die letzten Krokodile der östlichen Sahara. Es sind nicht mehr als eine Handvoll Exemplare, die allerletzten Überlebenden ihrer Art, die wie Irrläufer der Evolution an dieser Wasserstelle ausharren. Denn vor Hunderttausenden Jahren, als die große Wüste teilweise noch fruchtbares Land und von Flüssen und Sümpfen durchzogen war, gab es überall in der Sahara Panzerechsen.

TSCHADSEE

Die meisten Lebewesen am Tschadsee ahnen von ihrem Schicksal wohl noch nichts. Denn größte Gewässer der Sahara ist gerade dabei, zu verschwinden.

Kann ein See, der vor nicht allzu langer Zeit noch so riesengroß war wie das Kaspische Meer, einfach von der Bildfläche verschwinden? Was unfassbar klingt, geschieht gerade am Südrand der Sahara: Der Tschadsee, einst das größte Gewässer der größten Wüste der Welt, ist dabei, sich in nichts aufzulösen. Vor 2000 Jahren hatte er noch den Umfang von Deutschland, 1960 war er auf die Fläche von Nordrhein-Westfalen geschrumpft, heute besitzt er die Ausmaße von Berlin. Und in zehn Jahren wird er – zumindest während der Trockenzeit – vollständig verschwunden sein. Welches Schicksal die Menschen am Tschadsee dann erleiden werden, malt man sich lieber nicht aus.

eppich, ausgerollt bis zum Horizont und noch weit darüber hinaus: Die Feuchtsavannen sind
schen Landschafsformen des Südsudan, der erst 2011 ein eigener Staat wurde.

Einst konnte der Sudan für sich in Anspruch nehmen, der größte Flächenstaat Afrikas zu sein. Doch dann kam der 9. Juli 2011: An diesem Tag erlangte der Südsudan als einer der jüngsten Staaten der Erde seine Unabhängigkeit. Seither ist der mehrheitlich islamisch geprägte Sudan nur noch der fünftgrößte Flächenstaat des afrikanischen Kontinents. Auch die riesigen Feuchtsavannen hat er verloren, denn sie liegen im regenreichen Süden des einstigen Riesenlands. Es ist eine nicht enden wollende Welt aus Ebenen voller Galeriewälder und Grasland, schütter bestanden von Kola- und Kapokbäumen, bedeckt mit einem dichten Pelz aus Elefantengras.

Heimat von Leoparden und Giraffen, Büffeln und Zebras, Oryx- und Kuhantilopen: Die Wälde
Hügel des Boma-Nationalparks im Süden des Südsudan sind eine Schatzkammer der Schöpfu

Kriege sind nicht nur für Menschen eine Tragödie, sondern auch für Tiere. Wie sehr sie darunter leiden, hat sich in den vergangenen Jahrzehnten im Süden des Sudan schmerzlich bewiesen. Während der Kämpfe zwischen der sudanesischen Armee und den Rebellen, die für einen unabhängigen Staat Südsudan kämpften, wurde die Tierwelt dramatisch dezimiert und zum Teil sogar an den Rand der Ausrottung gebracht. Die Soldaten des Nordens nutzten den Krieg schamlos als Vorwand, um im Süden Elefanten und Nashörner zu jagen – und machten mit dem Verkauf von Elfenbein und Horn ein Vermögen. Die Rebellen wiederum suchten Schutz in den undurchdringlichen Wäldern des Südsudan und jagten dort die Wildtiere, um nicht zu verhungern. Selbst Schutzgebiete wie der für seinen Artenreichtum berühmte Boma-Nationalpark an der Grenze zu Äthiopien wurden nicht verschont. Allein der Bestand der Kuhantilopen wurde hier während des Krieges von einst 40 000 auf kaum mehr 1000 Exemplare dezimiert. Ob es in Boma überhaupt noch Nashörner gibt, ist ungewiss. Aber 600 Elefanten haben überlebt. Für sie kam der Friede in letzter Sekunde.

einer der größten Tiermigrationen des Planeten: 1,3 Millionen Antilopen sind in Boma und den
en Gebieten ständig auf Wanderschaft, um zu frischen Weideplätzen zu gelangen.

WEST- & ZENTRALAFRIKA

Noch vor wenigen Hundert Jahren waren der Westen und das Zentrum Afrikas fast vollständig von Dschungel bedeckt. Von dieser ursprünglichen Natur sind nur wenige Flecken geblieben, die umso kostbarer und eindrucksvoller sind – fantastische Orte einer überwältigenden Wildnis, in denen die letzten Berggorillas der Erde leben und die Drills, die seltensten Primaten des Planeten, um ihr Überleben kämpfen. Manchmal sieht man sogar schwimmende Waldelefanten und Flusspferde, die wie Surfer im Golf von Guinea auf den Wellen reiten, oder Leoparden, die sich am Strand sonnen, als hätten sie einen Pauschalurlaub gebucht.

Pelikane, so weit das Auge reicht und weit darüber hinaus: Millionen von Tieren bevölkern Nationalpark im Delta des Flusses Senegal, dem drittgrößten Vogelreservat des Planeten.

Für die Menschen ist der Djoudj-Nationalpark im Norden des Senegal eine heiße, feuchte Hölle, ein sumpfiges Inferno, in dem fast kein Überleben möglich ist. Für drei Millionen Zugvögel aus Europa und dem nördlichen Asien aber ist dieses Schutzgebiet ein Überlebensgarant. Denn hier finden sie nach der Überquerung der Sahara endlich wieder frisches Trinkwasser. Für all die

Pelikane, Flamingos, Störche, Kormorane, Eisvögel, Fischadler und Kronenkraniche muss Djoudj das sein, was die rettende Oase für einen Verdurstenden in der Wüste ist. Im Januar und Februar trifft diese hungrige Armada im Senegal ein und gesellt sich zu den Tieren, die dauerhaft hier leben. Doch zwischen Alteingesessenen und Vorbeireisenden gibt es keinen Ärger, weil der Tisch überreich gedeckt ist in diesem Labyrinth aus Flussarmen und natürlichen Kanälen, auf denen Teppiche aus Lotosblumen schwimmen. Am beeindruckendsten freilich ist das internationale Vogelkonzert, das in dieser Zeit im Nationalpark gegeben wird. Und wenn die Zugvögel weitergeflogen sind, wird es gewiss nicht still. Dafür sorgen schon die anderthalb Millionen einheimischen Vögel.

r Anblick der eleganten Tiere auch ist, so unschön ist der Gestank, den sie an ihren Brutstätten
en beißenden Geruch ihrer Ausscheidungen riecht man schon von Weitem.

Die nächste Beute des Räubers? Dieser Buschbock im senegalesischen Nationalpark Niokol
ganz genau, dass er nicht nur vor Leoparden immer auf der Hut sein muss, wenn er überleben

Bei Safari denkt jeder sofort an den Osten und Süden von Afrika, an Kenia, Tansania, Botswana, Südafrika. Doch auch im Westen des Kontinents gibt es Wildschutzgebiete, die mit der Artenvielfalt und dem Tierreichtum der Serengeti oder des Krüger-Nationalparks konkurrieren können – allen voran Niokolo-Koba im Südosten des Senegal. Hier finden Safaritouristen alles, was ihr Herz und die Linse ihrer Kamera begehren: Löwen, Leoparden, Flusspferde, Büffel, Hyänen, Antilopen und alle drei Krokodilarten, die in Afrika vorkommen. Sie leben gleich in einem Dutzend verschiedener Landschaftsformen von der Savanne bis zum Sumpfland. Das hat nicht einmal die Serengeti zu bieten.

150 Schimpansen leben im größten zusammenhängenden Wildschutzgebiet West-
sie sieht, zweifelt keine Sekunde lang an der Verwandtschaft von Affe und Mensch.

Ein Tierreichtum wie im Zoo, nur dass hier alles echte, wilde Natur ist: Im Bandia-Reservat im S
unter anderem Rinder, Buschböcke, Waldbüffel, Nashörner, Giraffen und Husarenaffen.

Afrika ist bei Weitem nicht nur der Kontinent der Kriege und Katastrophen, allen menschlichen Tragödien zum Trotz. Der Naturschutz etwa ist eine imposante Erfolgsgeschichte, selbst wenn Probleme wie die Wilderei oder der Bevölkerungsdruck auf die Schutzgebiete noch immer existieren. Wenn man die heutige Situation mit der Lage vor 30, 40 Jahren vergleicht, sieht man die gewaltigen Fortschritte, die gemacht wurden. Dass die Schönheit von Afrikas Natur und der Reichtum seiner Tierwelt um jeden Preis erhalten werden muss, ist inzwischen weltweiter Konsens. Und wenn die staatlichen Institutionen das nicht gewährleisten können, ist eben Privatinitiative gefragt – so wie beim Bandia-Reservat im Westen des Senegal, dem ersten privaten Schutzgebiet des westafrikanischen Landes. Im Jahr 1990 wurde es als eine Art riesenhafter Zoo mit 35 Quadratkilometer Fläche gegründet, in dem sich alle Tiere der afrikanischen Savanne tummeln: Kudus, Impalas und Eland-Antilopen, Krokodile, Zebras und Nashörner, vor deren Aggressivität man sich allerdings in Acht nehmen sollte – denn dieser Zoo ist immer noch eine Wildnis.

rot wie der Rock der Husaren, und er ist fast so schnell wie ein galoppierendes Pferd. Diese chaften haben den Husarenaffen zu ihrem ungewöhnlichen Namen verholfen.

Verbotene Delikatesse: Die Suppenschildkröte, die in allen tropischen und subtropischen Mee
stand jahrhundertelang auf dem Speiseplan der Gourmets. Jetzt ist sie streng geschützt.

Es gibt nicht viele Tiere, die ihren Namen ihrem kulinarischen Ruhm verdanken. Die Suppenschildkröte ist ein solches seltenes Tier. Zunächst wurde sie vor allem von Seefahrern gejagt, die sie als lebenden Proviant nutzten. Die Suppenschildkröte konnte monatelang ohne Nahrung und Wasser an Bord überleben, war äußerst selbstgenügsam und schmeckte auch noch gut. Im 18. Jahrhundert kamen die Briten auf den Geschmack und erhoben das Tier zur nationalen Delikatesse. Bald folgten Gourmets von der anderen Seite des Kanals ihrem Beispiel – die Suppenschildkröte wurde Stammgast auf den Speisekarten der gehobenen Küche. Und wieder ein paar Jahrzehnte später galt sie als derart populärer Leckerbissen, dass sie schon Anfang des 20. Jahrhunderts vom Aussterben bedroht war. Doch es sollte bis 1988 dauern, ehe die Weltgemeinschaft endlich ein Einsehen mit der Kröte hatte und im Washingtoner Artenschutz-Vertrag die Jagd auf sie kategorisch verbot. Heute brütet sie wieder ungestört an Orten wie den Bissagos-Inseln im Golf von Guinea. Und Feinschmecker mit gutem Gewissen werden niemals erfahren, wie sie schmeckt.

des Bissagos-Archipels vor der Küste von Guinea-Bissau gehören zu den beliebtesten Brut-
childkröten. Hier sind sie zumindest vor menschlichen Räubern einigermaßen sicher.

Fast 3000 Schimpansen gibt es noch im Tai-Nationalpark, dem bedeutendsten Schutzgebiet d
küste. Einen der Menschenaffen zu Gesicht zu bekommen ist trotzdem ein Glücksfall.

Das Landschaftsbild der Erde verändert sich permanent. Meistens geschieht das so langsam, dass wir es nicht wahrnehmen. Unternähmen wir aber eine Zeitreise, würden wir unseren Planeten nicht wiedererkennen. Westafrika zum Beispiel war bis zur Ankunft der europäischen Kolonisatoren fast vollständig von Urwald bedeckt. Geblieben sind davon nur noch Fetzen. Einer dieser letzten Reste ist der Tai-Nationalpark in der Elfenbeinküste. Welchen kostbaren, aber auch hochgefährdeten Schatz sie da hüteten, begriffen schon die französischen Kolonialherren, die Tai 1926 unter Schutz stellten. 1972 wurde das Gebiet zum Nationalpark erklärt und 1982 von der UNESCO mit dem Titel eines Weltnaturerbes geadelt – aus gutem Grund, denn die Flora und Fauna ist überwältigend. Allein 150 Pflanzen findet man hier, die nirgendwo sonst auf Erden vorkommen, etwa ganz besondere Geweihfarnarten und Aronstabgewächse. Zahllose gefährdete Tierarten leben in dem Schutzgebiet wie Riesenschuppentiere, Afrikanische Hirschferkel und Grüne Stummelaffen. Doch das Tragische ist: Sehr wahrscheinlich wird auch Tai eines Tages verschwunden sein.

ensten Tiere Afrikas: Das Zwergflusspferd findet man nur noch in den wenigen verbliebenen
estafrikas – so wie dieses Muttertier, das sich liebevoll um sein Kalb kümmert.

Wider Willen eine Rarität in der Fauna Afrikas: Der Drill ist die vermutlich seltenste Affenart d
Kontinents. Seine Rettung hat für die Naturschützer in aller Welt oberste Priorität.

Wir stellen vor: Der Drill, eine afrikanische Primatenart, die zusammen mit dem Mandrill eine Gattung der Backenfurchenpaviane bildet, und wir stellen ihn aus gutem Grund vor. Denn der Drill gilt als die am stärksten gefährdete Affenart der Welt. Nur noch 3000 Exemplare dieses scheuen Regenwaldbewohners soll es geben, die meisten davon in Kamerun, einige in Nigeria und Äquatorial-Guinea. In den 1980er-Jahren hielt die Wissenschaft den Drill sogar für so gut wie ausgestorben. Nur eine winzige Population im Korup-Nationalpark im Kamerun war noch bekannt. Und da sich die wenigen Drills in den europäischen und amerikanischen Zoos kaum vermehrten, gab man ihm keine Überlebenschance. Zum Glück stieß man doch noch auf mehr Drills, als gedacht. Einen Drill in freier Wildbahn zu sehen ist trotzdem so gut wie unmöglich. Das ist ein Jammer, denn man verpasst die sonderbaren Charaktereigenschaften dieses Affen, der 70 Zentimeter groß und bis zu 20 Kilogramm schwer ist, tagsüber auf dem Boden nach Nahrung sucht, zum Schlafen auf die Bäume klettert – und mittels Farbänderungen seines Hinterteils mit seinen Artgenossen kommuniziert.

-Reservat in Nigeria hütet man die Affen wie Augäpfel. Hier werde auch Tiere, die aus der Ge-
befreit wurden, wieder ganz behutsam an ein Leben in der Wildnis gewöhnt.

Unsere nächsten Verwandten: Das Erbgut der Schimpansen, die sich jeden Abend ein neue
bauen, ist mit dem des Menschen nahezu identisch. Gewisse Unterschiede gibt es aber doch.

en vorbildlich, Jagdverhalten nicht: Wenn Horden wild gewordener Schimpansen kleinen
n an den Kragen gehen, geschieht das vermutlich allein aus spielerischem Übermut.

Portugiesen, Spanier und Engländer sind die Herren von Bioko gewesen, das heute zu Äqu
gehört. Die wahren Herrscher der 2000 Quadratkilometer großen Insel aber sind ihre Affen.

Im Jahr 1472 segelte der Seefahrer Fernando Pó im Auftrag der portugiesischen Krone die Westküste Afrikas hinunter. Er sollte den Kontinent umrunden, den Seeweg nach Indien finden und so die Europäer auf direktem Weg zur Wiege der hochbegehrten Gewürze bringen, in das Land also, in dem der Pfeffer wächst. Doch auf seiner langen Reise fand der Seefahrer etwas, was ihm mindestens ebenso begehrenswert erschien wie Muskatnuss und Ingwer, Kardamom und Zimt: die Insel Bioko im Golf von Guinea, die heute zu Äquatorialguinea gehört, damals vom wilden Bantu-Volk der Bubi bewohnt war und do Po so paradiesisch vorkam, dass er sie »Formosa« nannte, »die Schöne«.

erschöpft sich die Tierwelt nicht. Auch Nektarvögel, Chamäleons und viele andere exotische
bevölkern die Insel, die sich mehr als 3000 Meter hoch aus dem Atlantik erhebt.

So unberührt und paradiesisch wie vor einem halben Jahrtausend ist Bioko längst nicht mehr. Heute wohnen Zehntausende Menschen auf der Insel, auf der Kaffee, Bananen und Zuckerrohr angebaut werden und vor deren Küste man Erdöl und Erdgas fördert. Und trotzdem ist die Insel immer noch ein Garten Eden, ein Laboratorium der Schöpfung, ein Paradies der Biologen. Sie finden hier vor allem eine außergewöhnliche Vielfalt an Affen, die vor Jahrtausenden auf die Insel wanderten. Damals war sie durch eine Landbrücke mit dem Festland verbunden. Dann stieg der Meeresspiegel, und aus der Halbinsel wurde eine Insel, die bis heute ein ganz eigenes Leben führt.

Nirgendwo sonst in Westafrika sind Flora und Fauna so vielfältig und so überwältigend wie
Nationalpark in Gabun. Der prachtvolle Reigen reicht von Mangabey-Affen bis zu weißen Orch

Ein einzigartiges Naturschauspiel – mit dieser Formulierung muss man in Afrika sehr vorsichtig sein. Denn auf dem Kontinent gibt es derart viele Einzigartigkeiten der Natur, dass sie trotz ihrer Grandiosität eben genau diese Einzigartigkeit verlieren. Hier aber trifft das große Wort voll und ganz zu: Im Loango-Nationalpark im Südwesten von Gabun kann man Dinge sehen, die es nirgendwo sonst in Afrika zu sehen gibt – Elefanten, die im Atlantik schwimmen, Flusspferde, die sich von den Wogen des Meeres tragen lassen wie Surfer, Krokodile und Leoparden, die sich am Strand sonnen wie Sommerurlauber, und Büffel, die am Ufer nach den Früchten von Mangroven suchen.

sen, scheinbar aus Ebenholz und nicht aus Fleisch und Blut: Einen Waldelefanten beim Baden
n gehört zu den vielenfantastischen Erlebnissen, die man in Loango machen kann.

Fast so gedrängt wie auf der Arche Noah geht es im Loango-Nationalpark zu. Hier tummeln s
Krokodile, Schimpansen, Waldbüffel, Waldschweine, Ibisse und Abertausende weiterer Tiere.

Drei Ökosysteme, die unterschiedlicher nicht sein könnten, treffen im Loango-Nationalpark aufeinander: Savanne, Regenwald und Meer. Hundert Kilometer weiße, unberührte Sandstrände gibt es im wichtigsten Naturschutzgebiet von Gabun, dazu die endlosen Brackwassermangroven, dichte Teppiche aus undurchdringlichem Dschungelgrün und weite, offene Ebenen. In Loango gibt es eine unfassbar große Vielzahl verschiedener Tierarten, mehr als irgendwo sonst in Westafrika. Mit etwas Glück kann man an einem einzigen Tag Buckelwale, Gorillas, Süßwassermakrelen und Waldelefanten sehen, die kleiner als ihre südafrikanischen Vettern sind, dafür aber das härtere Elfenbein haben.

einer Gesamtfläche hat der westafrikanische Staat Gabun unter rigorosen Naturschutz gestellt.
n Sinne dieses Mangabey-Affen, der zumindest keine Menschen fürchten muss.

Der Kongou ist der schönste Wasserfall Zentralafrikas. Darüber sind sich alle Naturliebhaber ei
ihn auch noch Tausende Graupapageien umflattern, ist die Schönheit kaum auszuhalten.

Gibt es irgendwo im tiefsten Inneren Afrikas noch Wasserfälle von berauschender Schönheit, die der Menschheit bislang unbekannt sind? Das ist in Zeiten von Satelliten und GPS, die auch den letzten weißen Flecken des Globus den Garaus gemacht haben, ein irrwitziger Gedanke. Und doch ist er gar nicht so verwegen. Denn die imposantesten Wasserfälle Zentralafrikas wurden erst vor ein paar Jahren entdeckt, als eine Expedition den Makokou-Fluss im Ivindo-Nationalpark hinauf fuhr und auf vier spektakuläre Wasserfälle stieß, von denen man noch nie etwas gehört hatte – rauschende Wunder der Natur, in deren Becken sich Waldelefanten und Krokodile erfrischen.

tatunga, die man auch unter dem Namen Sumpfantilope kennt, findet im Ivindo-Nationalpark von Gabun beste Lebensbedingungen. Denn Menschen sind hier rar – jedenfalls noch.

Die Wasserfälle sind die Kronjuwelen dieses Naturschutzgebiets, das Jahrhunderte lang zu den undurchdringlichsten und unberührtesten Regionen Afrikas gehörte. So konnte sich hier eine Artenvielfalt entwickeln, die Wissenschaftler in aller Welt begeistert. Sie suchen in Ivindo nach unentdeckten Tier- und Pflanzenarten und werden immer wieder fündig. Doch diese Urwelt ist bedroht. Holzfirmen schlagen Schneisen durch den Dschungel, auf denen Wilderer immer tiefer in die Wildnis eindringen. Sie sind gierig auf das Fleisch der großen Tiere und das Elfenbein der Waldelefanten – und stoßen zum Glück auf Widerstand der Naturschützer, die diesen Schatz behüten wollen.

Tausende von Graupapageien leben im Lobéké-Nationalpark im Kamerun – und werden vo
gnadenlos gejagt. Die Tiere sind deswegen so begehrt, weil sie begnadete Sprachkünstler sind

…elfalt in dem 2000 Quadratkilometer großen Schutzgebiet, das mitten im Kongobecken liegt, ist …r wie gefährdet. Denn illegale Holzfäller setzten dem Urwald bedrohlich zu.

Vor fast 4500 Jahren schickte der ägyptische Pharao Pepi eine Expedition ins Herz von Afrika, in ein unbekanntes Land, von dem er sich Wunder und Rätsel versprach. Und er wurde nicht enttäuscht. Denn seine Leute brachten einen wunderlichen Mann mit an den Nil, der kaum größer als ein Kind, aber unzweideutig ein Erwachsener war. »Den Zwerg des Gottestanzes« nannten die alten Ägypter ihren Gefangenen. Im antiken Griechenland sollte sich der Name Pygmäen für die kleinwüchsigen Völker Zentralafrikas einbürgern, abgeleitet vom griechischen Wort für Fäustling. Und das Erstaunlichste ist: In den unzugänglichen Urwäldern im Inneren des Kontinents leben noch fast 200 000 Pygmäen, etwa im Lobéké-Nationalpark im Südosten von Kamerun. Sie sind Sammler und Jäger und teilen sich die Wildnis mit einer so riesenhaften Vielfalt von Tieren und Pflanzen, dass Lobéké als einer der bedeutendsten Nationalparks zwischen Sahara und Kap der Guten Hoffnung gilt. Fast 300 Vogelspezies und mindestens 300 Baumarten findet man hier, dazu Gorillas, Schimpansen, Waldelefanten, Waldriesenschweine – und eben Pygmäen, die Menschen des Waldes.

Das drittgrößte Landtier der Welt: Nur der Afrikanische und der Asiatische Elefant sind noch m[a...]
der Waldelefant, den man im Naturschutzgebiet Dzanga-Ndoki leicht beobachten kann.

Nicht einmal in seinem innersten Herzen ist Afrika noch unberührt und jungfräulich, nicht einmal dort, wo es am wildesten und unzugänglichsten ist, sind die wilden Tiere noch alleine und können ein Leben in Frieden führen. Das Naturschutzgebiet Dzanga-Ndoki im äußersten Südwesten der Zentralafrikanischen Republik, im Grenzland zu Kamerun und dem Kongo gelegen, ist dieses Herz Afrikas. Hier wimmelt es von Waldelefanten und Leoparden, Büffeln und Bongos, Schimpansen und Pinselohrschweinen, Buschböcken und vor allem Flachlandgorillas. Kaum irgendwo sonst ist die Chance, eines dieser kolossalen Tiere zu sehen, so groß wie hier. Im statistischen Schnitt teilen sich anderthalb Exemplare einen Quadratkilometer. Doch sie müssen sich Dzanga-Ndoki, das seit 1990 als Nationalpark geschützt ist, unglücklicherweise auch mit viel zu vielen illegalen Holzfällern teilen, die tiefe Wunden in den Wald schlagen und die Lebensräume der Wildtiere immer weiter beschneiden; und mit skrupellosen Diamantenjägern, die in ihrer Gier die Erde aufreißen und ausweiden und schwer verletzt zurücklassen. Das ist wohl das tragische Schicksal Afrikas.

fanten zählen zu den intelligentesten aller Säugetiere. Sie haben ein fabelhaftes Gedächtnis,
ale Strukturen aufbauen und beherrschen ein ausgeklügeltes Kommunikationssystem.

Für Flachlandgorillas ist der Tisch reich gedeckt im Dzanga-Ndoki-Nationalpark in der Zentral
Republik. Denn diese Menschenaffen ernähren sich vorwiegend von Blättern und Früchten.

suche im Urwald des Kongobeckens ist offensichtlich keine tagesfüllende, alle Kraft kostende
g. Da können es diese Gorillas ruhig ein wenig entspannter angehen lassen.

NOUABALE NDOLI NP

Kein anderer Menschenaffe ist stärker als der Gorilla, der im Nouabale-Ndoli-Nationalpark
vergleichsweise großer Zahl vorkommt. Überall sonst in Zentralafrika ist sein Bestand gefährd

Die Menschlichkeit der Menschenaffen ist der stärkste und verblüffendste Eindruck, wenn man ihnen in freier Wildbahn begegnet. Selbst die Gorillas, die größten aller Primaten, lassen keinen Zweifel daran, dass sie genetisch unsere nächsten Verwandten sind. Besonders hoch ist die Wahrscheinlichkeit, sie zu treffen, im Nouabale-Ndoli-Nationalpark im Norden des Kongos. Denn dieses Schutzgebiet gilt als die Region mit der höchsten Dichte an Wildtieren in ganz Afrika. An die mächtigen Gorillas wagt sich dabei kaum ein anderes Tier heran, an diese bis zu 200 Kilogramm schweren Kolosse, die stehend so groß wie ein Mensch sind und deren Armspannweite fast drei Meter betragen kann. Sie sind zwar Pflanzenfresser, doch ihre Furcht einflößenden Eckzähne machen mit ihren Feinden kurzen Prozess. Dass sie diese Waffen allerdings jemals einsetzen könnten, will man gar nicht glauben, wenn man einer Gorillafamilie begegnet, bei der sich die Jungtiere friedlich gegenseitig kraulen und sich die alten Männchen mit rührender Geduld um den Nachwuchs kümmern, ganz so wie vorbildliche Großväter. Diese selbstlose Fürsorglichkeit macht einen als menschlicher Betrachter fast neidisch.

acht des Vergänglichkeit sind selbst Gorillas machtlos, die im Alter ein weißes Rückenfell
nd deswegen – im Gegensatz zu den jungen Schwarzrücken – Silberrücken genannt werden.

An einem einzigen Ort der Erde kommt der Okapi vor, der zu den Paarhufern zählt, 250 Kilo sc
kann und scheu wie ein Reh ist: im Ituri-Regenwald im Osten der Demokratischen Republik Ko

Da wird selbst der legendäre Henry Morton Stanley verblüfft gewesen sein, der Mann, der Mr. Livingstone im Urwald aufstöberte, der unerschrockenste aller Afrikaforscher, den eigentlich nichts mehr überraschen konnte. Doch 1887 durchquerte er als erster Europäer den Ituri-Regenwald im Kongo – und sah ein seltsames Wesen, das entfernt an eine Giraffe erinnerte, allerdings rotbraun und schwarz-weiß gefärbt war, nur eine Schulterhöhe von anderthalb Metern erreichte und als scheuer Einzelgänger durch den Wald streifte: Das ist der Okapi, eines der seltensten Tiere der Welt, das nur in Ituri vorkommt und dort friedlich lebt – wenn es nicht gerade Beute eines Leoparden wird.

der Bonobos – so lautet die Übersetzung von Lola ya Bonobo, und so heißt die private Schutz-
elgierin Claudine André, die sich das Überleben dieser Affen zum Ziel gesetzt hat.

Claudine André ist einer jener Menschen, ohne deren Mut, Kraft und Engagement Afrikas Tierwelt kaum überleben würde. Sie wurde 1946 in Belgien geboren, kam als Kind mit ihrer Familie nach Belgisch-Kongo, musste nach dem Ende der Kolonialherrschaft fliehen, kehrte als junge Erwachsene zurück, wurde abermals zur Flucht gezwungen, ging wieder in den Kongo und hatte 1994 eine folgenreiche Begegnung mit Bonobo-Waisen im Zoo von Kinshasa. Sie war so berührt vom Schicksal dieser Affen, dass sie ihren Beruf als Kunsthändlerin an den Nagel hängte, die Schutzstation Lola ya Bonobo gründete und seither nur ein Ziel kennt: die Bonobos vor dem Aussterben zu bewahren.

Glühender Höllenschlund in nachtschwarzem Stein: Der Anblick des Vulkans Nyiragongo wahrlich Furcht einflößend. Wenn er ausbricht, ist es, als sei der Jüngste Tag angebrochen.

Dieser See bringt nichts als Tod und Verderben, und weil er der größte seiner Art auf dem Planeten ist, sind seine Zerstörungskraft und Verheerungsmacht ungeheuerlich. Dieser See ist nicht mit Wasser gefüllt, sondern mit glühendem geschmolzenem Stein aus den brodelnden Innereien der Erde. Der Lavasee des Vulkans Nyiragongo in der Demokratischen Republik Kongo misst satte 200 Meter im Durchmesser, liegt derzeit einen halben Kilometer tief im Krater verborgen, hebt und senkt sich aber je nach der vulkanischen Aktivität. Und wenn er eine bestimmte Höhe erreicht, reißt er die Kraterwände ein und ergießt sich wie ein Fluch der Erdgötter über das Land. Zuletzt ist das im Januar 2002 geschehen. Damals wälzte sich der Lavastrom sogar durch die Großstadt Goma, erkaltete erst im Kiwusee, tötete 150 Männer, Frauen und Kinder und raubte einer halben Million Menschen das Heim. Da ist es kein Wunder, dass die Menschen mit größter Ehrfurcht von diesem unheilvollen Vulkan sprechen: Die sündigen Seelen, so sagen sie, müssen im Feuer des Nyiragongo schmoren. Die braven Seelen aber leben glücklich auf dem oft schneebedeckten Gipfel des Karisimbi.

schön sieht das Muster der Vernichtung und Verheerung aus: Vor der Lava des Nyiragongo
die Menschen am Fuß des 3470 Meter hohen Vulkans seit Anbeginn des Denkens.

NYIRAGONGO-VULKAN

Kein anderer Vulkan im Great Rift Valley ist so aktiv und so gefährlich wie der Nyiragongo. E
seiner Ausbrüche rast die Lava mit 100 Kilometern pro Stunde als mörderische Feuerwalze ins

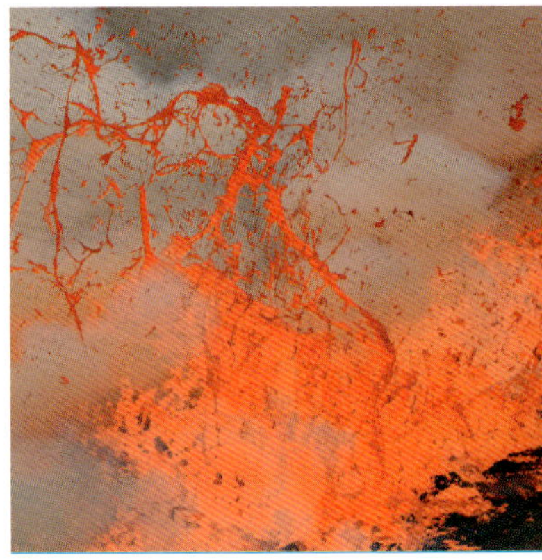

e Lavasee des Vulkans ist in ständiger Bewegung. Seine Krustenplatten bilden dabei immer
Und manchmal schießen auch bis zu zwölf Meter hohe Lavafontänen in den Himmel.

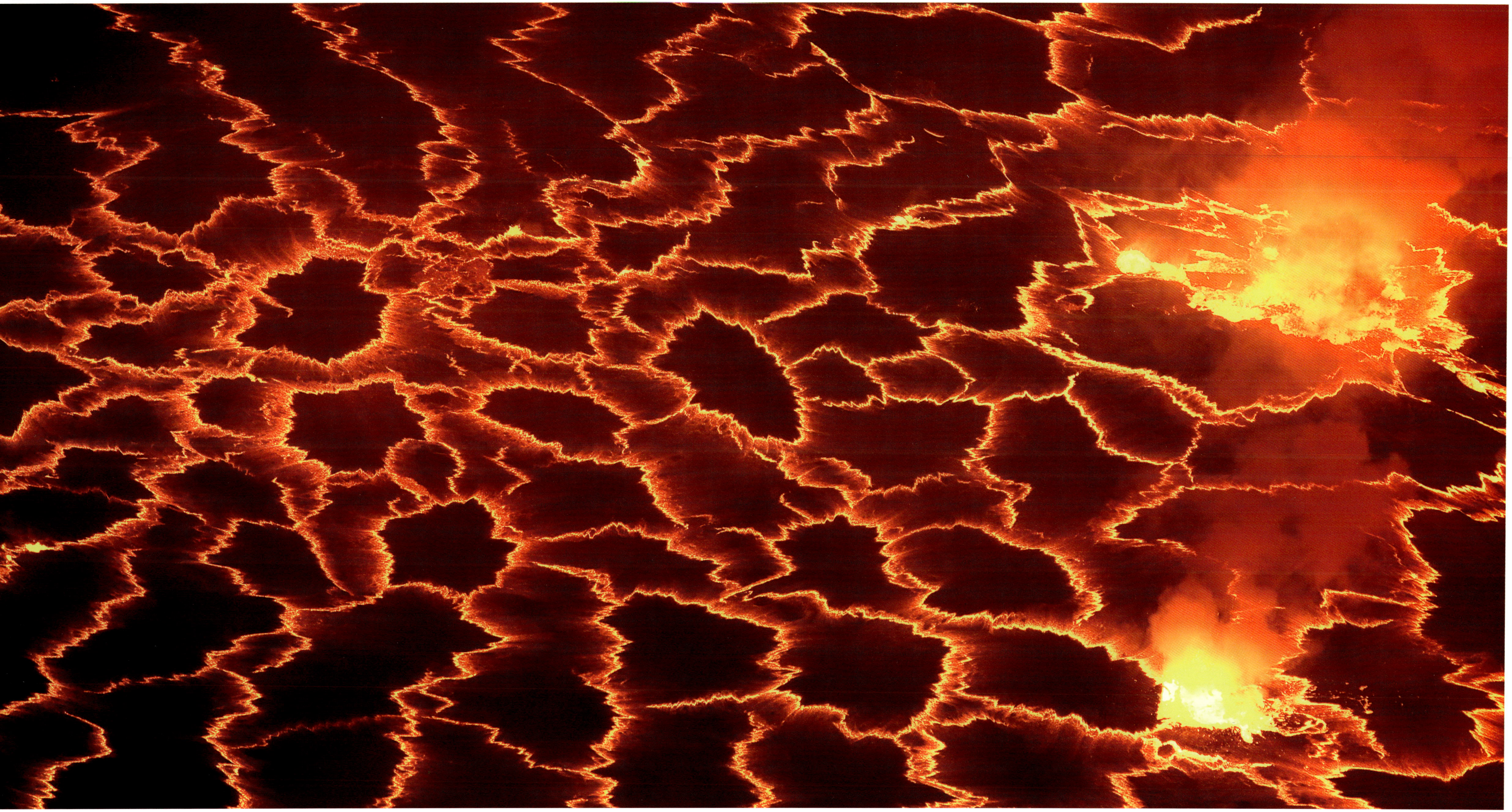

PARC NATIONAL DES VOLCANS

In den Bergregenwäldern des Vulkan-Nationalparks in Ruanda leben die letzten Berggorillas de stärksten gefährdeten Menschenaffen Afrikas – in einer Region voller kriegerischer Gewalt.

Brehms Tierlexikon weiß, dass mit Gorillas nicht zu spaßen ist. Verfehlt sie der Jäger, »dann ist das Gewehr nicht einmal mehr als Keule zu gebrauchen. Der rasende Affe zerbeißt es in Stücke, wie ein Esel eine Mohrrübe zerbeißt, zerfleischt und zerreißt den Jäger mit seinen Zähnen, obgleich diese nicht hierzu, vielmehr zum anständigen Gebrauch eines grasfressenden Tieres bestimmt sind.«

Wenn man allerdings im Vulkan-Nationalpark im Nordwesten Ruandas einem der mächtigen und doch so sanftmütigen Tiere gegenübersteht, dann wird einem sofort klar, dass die Fantasie mit Herrn Brehm durchgegangen ist. Nur hier und im benachbarten Bwindi-Nationalpark in Uganda leben die letzten Berggorillas, kaum mehr als 800 Exemplare, deren Rettung seit fast 100 Jahren ganz oben auf der Prioritätenliste der Tierschützer steht. Ihre berühmteste Fürsprecherin war Dian Fossey, die ihr Leben ganz in den Dienst der Gorillas stellte, im Vulkan-Nationalpark eine Forschungsstation einrichtete und 1985 von Unbekannten ermordet wurde. Und auch das Überleben der Berggorillas ist trotz aller internationalen Schutzmaßnahmen keinesfalls gesichert.

rillas bietet der Vulkan-Nationalpark auch anderen Affenarten wie der Goldmeerkatze einen
der aber leider zunehmend durch Zerstörung bedroht wird.

13 Primatenarten leben im Kibale-Nationalpark in Uganda, darunter Schimpansen, S
Colobus-Affen wie diese Mutter mit ihrem Jungen. Und harmonisch ist das Zusammenleben n

Schimpansen genießen bei uns Menschen höchste Sympathiewerte unter Primaten, was nicht nur an der nahen genetischen Verwandtschaft zu uns liegt. Der freche Kerl aus der Fernsehserie »Daktari«, der treue Freund des deutschen Serengeti-Retters Bernhard Grzimek oder zahllose Schimpansen aus Comics und Animationsfilmen: Sie alle vermitteln das Bild eines freundlichen, friedliebenden Wesens, das keiner Fliege etwas zuleide tun kann. Wenn man aber im Kibale-Nationalpark im Westen Ugandas einmal erlebt hat, wie Horden von Schimpansen Jagd auf die kleine Affenverwandtschaft machen und sie kaltblütig meucheln, korrigiert sich das schöne Bild auf die drastischste Art.

zten Refugien der Berggorillas: Im Bwindi-Nationalpark lebt die Hälfte der weltweiten Popula-
lenschenaffen. Deswegen ist der Park eine Touristenattraktion ersten Ranges.

Es ist der Moment, auf den man nach stundenlanger Wanderung gewartet hat: Auf einer Lichtung im Bwindi-Nationalpark im Südwesten Ugandas räkelt sich eine Gruppe Berggorillas, angeführt von einem Silberrücken, der seinen Namen der weißgrauen Verfärbung auf seinem Rücken verdankt, begleitet von Weibchen und Jungtieren, die so zärtlich miteinander umgehen, dass man als Betrachter ganz gerührt ist. Selbst die bärenstarken Männchen kümmern sich so liebevoll um den Nachwuchs, wie man es sich von manchem Menschenvater wünschen würde. Dennoch gehören sie leider zu einer der letzten Vertreter einer vielleicht aussterbenden Art.

Oben das ewige Eis, unten der Dschungel in seiner üppigsten Form: Das Ruwenzori-Gebirge ge
gebiet von Kongo und Uganda ist ein ebenso spektakuläres wie unbekanntes Naturwunder.

en imposanten Gipfeln wie dem 4627 Meter hohen Mount Luigi di Savoia verwandelt sich die
pigkeit des Ruwenzori in ein graubraunes Ödland von hochalpiner Kargheit.

Verwunschene Täler, unentdeckte Wasserfälle, einsame Bergbäche: Das 160 Kilometer lange
meter breite Ruwenzori-Gebirge ist ein verborgener, ungehobener Schatz der afrikanischen Na

Es gibt in Afrika ein Triumvirat aus Bergen, die allesamt eine einzigartige Eigenschaft teilen: Nur diese drei Massive ragen so hoch in den Himmel, dass ihre Spitzen vergletschert sind und sie somit eine weiße Gipfelkrone tragen dürfen. Zwei der drei Berge sind weltbekannt: der Kilimandscharo und der Mount Kenya. Der dritte hingegen steht immer in ihrem Schatten: das Ruwenzori-Massiv zwischen der Demokratischen Republik Kongo und Uganda mit dem 5109 Meter hohen Margherita Peak als höchstem Gipfel. Es ist ein Gebirge der extremen Kontraste, die vom ewigen Eis bis zum wild wuchernden Regenwald reichen – und die mehr Aufmerksamkeit verdient hätten.

...benteuerspielplatz für Biologen: Die meisten Tierarten des Ruwenzori sind schon identifiziert.
... leben bis heute in den Wäldern, ohne dass die Wissenschaft von ihnen wüsste.

»Regenmacher« oder auch »Wolkenkönig« heißt Ruwenzori in der Sprache des Batoro-Volkes, das am Fuß des gewaltigen Gebirges lebt – aus gutem Grund, denn die Niederschlagsmengen erreichen hier rekordverdächtige Werte von 2500 Millilitern pro Jahr. An 300 Tagen regnet es, und bei einer Luftfeuchtigkeit von 100 Prozent sind die Gipfel der Berge oft in einen undurchdringlichen Wolkenschleier gehüllt. Die Wolken kondensieren an den Flanken des Gebirges, an denen ein üppiger Bergregenwald gedeiht, Heimat einer fast unüberschaubaren Vielzahl an Tieren wie Waldelefanten, Diademmeerkatzen, Bergbussarden, Geierraben, Riesenwaldschweinen und Okapis.

Leuchtendes Lila inmitten eines verschwenderischen Grüns: Die Riesenlobelien mit ihrer fa
schönen Farbe sind die bekanntesten und markantesten Pflanzen des Ruwenzori-Gebirges.

Ist das jener mythische Ort, von dem schon der griechische Dichter Aischylos berichtete, jenes sagenhafte Gebirge, das Herodot und Ptolemäus beschrieben? Das Ägypten der Pharaonen werde von Schnee genährt, schrieben die antiken Geografen, der Nil entspringe also in Gebirgen im tiefsten Inneren Afrikas, auf deren Gipfeln Schnee liege, obwohl es zu ihren Füßen brüllend heiß sei. Von

der Existenz dieser »Mondberge« war man bis weit ins 19. Jahrhundert überzeugt und verzeichnete sie auf allen Afrikakarten. Und viele glaubten, dass es sich bei der legendenumwobenen Quelle des Nils um das Ruwenzori-Gebirge handeln müsse. Nüchterne Abenteurer wie Henry Morton Stanley entlarvten die Geschichte der Mondberge zwar als Irrglauben. Doch die mystische Aura des Ruwenzori ist bis heute geblieben, einer Welt, in der die Schöpfung vom Dschungel bis zu den Gletschern in unfassbar komprimierter Form zu bestaunen ist. Und läge sie nicht in einer der unruhigsten Gegenden Afrikas, die immer wieder von Bürgerkriegen und Rebellenaufständen erschüttert wird, wäre sie bestimmt auch eine der größten Touristenattraktionen des Kontinents.

Meter Höhe findet man die Riesenlobelien, die zwar wie zarte Pflanzen aussehen, tatsächlich zäh sind und selbst den harschen Bedingungen in hochalpiner Umgebung trotzen.

So viele verschiedene Tierarten wie im riesigen Queen Elizabeth Nationalpark im Westen Ug
kaum irgendwo in Afrika. Und wie diese Scherenschnäbel tauchen sie meistens in Massen auf.

Elizabeth von England ist eine bekennende Tierfreundin. Legendär ist die Liebe der Monarchin zu ihren Corgis, von denen böse Zungen behaupten, die Königin behandle ihre Hunde besser als ihre eigenen Kinder. Auch für Pferde hat sie eine große Schwäche und für das eine oder andere Wildtier, dem sie jagend nachstellt. Mit exotischem Getier kommt die Königin indes eher selten in

Kontakt – es sei denn, sie reist wieder einmal nach Uganda und besucht dort den Nationalpark, der ihren Namen trägt. Denn der Queen Elizabeth Nationalpark gilt weltweit als eines der Naturschutzgebiete mit der größten Vielfalt an Tieren. Fast 100 Säugetierarten und mehr als 600 Vogelarten leben hier, darunter alle Safariklassiker der afrikanischen Wildnis von Löwen, Leoparden und Flusspferden bis zu Schimpansen, Flamingos und Goliathreihern. Ihre Heimat ist eine der abwechslungsreichsten Landschaften Ugandas, in der sich Savannen und Regenwälder mit Salzseen, Vulkankratern und Papyrussümpfen abwechseln. Und wenn ein plötzlicher Wolkenbruch die Königin überraschen sollte, kann sie sich – wo sonst – im Queen Elizabeth Pavillon unterstellen.

das Schutzgebiet vor allem für seine mächtigen Räuber wie Leoparden oder Löwen, die hier –
er üblichen Gewohnheit – so geschickt auf Bäume klettern, als seien sie Hauskatzen.

»Das Spektakulärste, was dem Nil auf seiner Reise zum Mittelmeer widerfährt«: So nannte Wins
die Murchison Falls im Nordwesten Ugandas, an denen der Nil 42 Meter in die Tiefe rauscht.

Idi Amin war einer der grausamsten Tyrannen der jüngeren afrikanischen Geschichte. Nicht nur sein Volk hatte entsetzlich unter ihm zu leiden, auch in der Tierwelt Ugandas wüteten die Schergen des Despoten mit unfassbarer Brutalität – so wie im Naturschutzgebiet Murchison Falls mit seinen spektakulären Wasserfällen, dem ältesten Nationalpark Ugandas. Nach seiner Machtergreifung 1971

benannte Idi Amin die Wasserfälle in seinem Afrikanisierungswahn in Kabalega Falls um – so hieß ein König des dortigen Bunyoro-Volkes – und gab seinen Soldaten freie Hand. Sie metzelten mit Maschinengewehren Hunderte von Elefanten nieder, um ihr Elfenbein zu verkaufen, töteten wahllos Löwen und Leoparden, um an das kostbare Fell zu kommen, und brachten die Tiere damit an den Rand der Ausrottung. Nach acht Jahren war der Fluch vorbei und der Diktator gestürzt. Seither hat sich der Wildtierbestand im Nationalpark wieder erholt. Doch von einer Touristenattraktion wie zu britischen Kolonialzeiten, als rund um die Wasserfälle luxuriöse Lodges den europäischen Hochadel und die größten Stars aus Hollywood beherbergten, ist er noch weit entfernt.

e überleben den Sturz in die Tiefe nicht. Das ist ein gefundenes Fressen nicht nur für Kroko-
n auch für Kronenkraniche, die sich an den Wasserfällen satt fressen.

OSTAFRIKA

Alle unsere Ur-, Traum- und Sehnsuchtsbilder von Afrika werden im Osten des Kontinents wahr. Hier wird noch die tollkühnste Fantasie von einer unglaublichen Wirklichkeit übertroffen, die manchmal fast zu schön zu sein scheint, um wahr zu sein – etwa wenn der Kilimandscharo mit seiner blendend weißen Krone so unwirklich aus den endlosen Ebenen der Savanne wächst, als sei er tatsächlich ein Götterberg; oder wenn man in der Serengeti zwischen Tausenden von Löwen und Leoparden, Gnus und Giraffen, Nilpferden und Nashörnern hindurchfährt und sich fühlt, als sei die Schöpfung gerade erst vollendet worden.

Eine Welt wie nach einem göttlichen Strafgericht: Unter einer dicken Schicht aus Salz und Sch
Danakil-Wüste am Horn von Afrika erstarrt und bildet dabei die eigentümlichsten Formationen.

Wüsste man nicht, dass Sodom und Gomorra am Ufer des Toten Meeres liegt und Lots Frau dort als Salzsäule wie eine ewige, schreckensstarre Mahnung an uns Menschen steht, dann müsste man glauben, dass der Ort der Sünde und des Lasters einst hier war: in der Danakil-Wüste, die sich von Somalia bis Eritrea und von Dschibuti bis Äthiopien erstreckt. So muss die Welt aussehen, nachdem Gott der Allmächtige sie mit einem Sturm aus Feuer und Schwefel ausgelöscht hat, um sie dann unter einer alles Leben für immer erstickenden Salzkruste erstarren zu lassen – so fürchterlich und so faszinierend zugleich wie die Salzskulpturen von Danakil, die Türme, Tümpel, Zacken, Zinnen, Wulste, Dämme in den bizarrsten Formen und eigentümlichsten Farben bilden. Dass diese Welt des grandiosen Schreckens gar nicht vom Himmel, sondern vom Bauch der Erde erschaffen wurde, will man eigentlich gar nicht wissen. Wasser ist für diese apokalyptische Landschaft verantwortlich, das aus heißen Quellen 1000 Meter unter der Erdoberfläche aufsteigt, sich auf seinem Weg mit Salz, Schwefel, Kalium und vielen anderen Mineralien vollgesaugt und sie dann oben ablagert an diesem Ort des Jüngsten Gerichts.

er extrem korrosiv. Deswegen rostet jedes Metall in Windeseile, während das Salz wie ein
ender Panzer die Landschaft erstickt und sogar Vulkankrater verschwinden lässt.

So fesselnd der Anblick der Salzformationen von Danakil ist, so leicht bezahlt man ihn mit s
Denn die Salzbecken sind oft nur von einer dünnen, tückischen Mineralienschicht bedeckt.

lztümpel einbricht, ist rettungslos verloren und verschwindet spurlos. Deswegen nennen die hier
ar-Nomaden die Danakil-Wüste auch »Dallol«: »den Ort ohne Wiederkehr«.

ERTA ALE

Welchem Schiff, welchem Raumschiff will dieser Leuchtturm mitten in der Wüste den Weg
unheimlich wirkt der rote Feuerstrahl des Vulkans Erta Ale in Äthiopien am nächtlichen Horizon

Irgendwann in einer sehr fernen Zukunft wird Afrika gespalten werden und so aussehen, als sei ein gewaltiger Axthieb der Geologie auf seine Silhouette niedergegangen. Schon jetzt durchzieht ein tiefer, 6000 Kilometer langer Riss den Schwarzen Kontinent, der Ostafrikanische Grabenbruch, der vom Roten Meer bis nach Mosambik reicht. Eines Tages aber wird Afrika vollständig auseinandergerissen werden, und die Lücke wird sich mit einem Ozean füllen, der noch keinen Namen hat. Doch es gibt schon einen Vorboten dieses zukünftigen Meeres: den Vulkan Erta Ale im Norden Äthiopiens, der genau auf dem Ostafrikanischen Grabenbruch steht und eine dünnflüssige Lava speit, die chemisch dem geschmolzenen Gestein von Tiefseevulkanen gleicht. Sie sammelt sich in einem Kratersee, der an der Oberfläche zu einer dünnen Steinschicht erkaltet und eine Haut wie bei kochender Milch bildet. Immer wieder jedoch durchbricht die Lava diesen Firnis und schießt in Fontänen in die Höhe wie bei einem flammenden Geysir. Vielleicht ist das ja die Vorfreude des Erta Ale darauf, dass er eines Tages nicht mehr in der trostlosen Wüste stehen muss, sondern ein Meeresvulkan sein wird.

t die Lava im Krater des Erta Ale heiß. Diese Temperatur hat ein wagemutiger Geologe der
enf gemessen, der sich in Schutzkleidung in die Caldera des Vulkans abseilen ließ.

Wie Trockenschaum oder auch wie eine zu dickflüssig geratene und dann erstarrte Mousse au C
weißer Schokolade sehen die Salzwulste des Assal-Sees in der Wüste von Dschibuti aus.

Endsee – für Romantiker klingt das wie eine Verheißung: ein See, an dem alle Suche ein Ende hat, weil sich das Glück endlich erfüllt; oder aber es ist ein See des tragischen Endes, des traurigen Finales wie bei jenem See, an dem sich der unglückliche Dichter Heinrich von Kleist und seine Geliebte erschossen. Geologen sehen das Ganze naturgemäß etwas nüchterner. Für sie ist ein Endsee ein Gewässer, das allein von unterirdischen Quellen gespeist wird, keinen Abfluss zum Meer hat und damit quasi autonom ist. Der spektakulärste Endsee Afrikas ist ohne Zweifel der Assal-See in Dschibuti, der gleich zwei Superlative für sich beanspruchen kann: Er ist der tiefste Punkt des Kontinents und der salzhaltigste See der Erde. Mehr als 150 Meter liegt er unter dem Meeresspiegel. Und sein Salzgehalt liegt zehnmal höher als bei einem Ozean und noch deutlich höher als beim Toten Meer. Denn seine unterirdischen Quellen pumpen pausenlos stark salzhaltiges Wasser nach oben, das in der extremen Hitze und Trockenheit verdampft, sodass sich Salz in dicken Krusten an den Ufern ablagert, meterhoch auftürmt und wulstartige Gebilde schafft – kein sehr romantischer Anblick.

uscht: Das leuchtende Türkis des Assal-Sees deutet nicht auf blühendes Leben im Wasser hin,
dankt sich einem hochkonzentrierten, lebensfeindlichen Mineraliengemisch.

Eine Schatztruhe der Schöpfung unter dem Schutz der UNESCO: In den Simien-Bergen im Norde leben Tierraritäten wie der Walia-Steinbock, der Äthiopische Wolf und der Blutbrustpavian.

Die UNESCO ist eine Behörde, und Behörden neigen nicht zu Temperamentsausbrüchen. Wenn also die UNESCO von »einer der spektakulärsten Landschaften der Erde« spricht, von einem Gebirge, »voller zerklüfteter Gipfel, tiefer Täler und atemberaubender Steilhänge«, dann muss es sich tatsächlich um eine überwältigende Landschaft handeln. Und das ist das Simien-Gebirge in Äthiopien ganz bestimmt: eine Bergwelt von ungeheuerlicher Schönheit und dazu die Heimat extrem seltener Tierarten wie des Walia-Steinbocks, der nirgendwo sonst auf der Welt vorkommt. Deswegen ist Simien für die völlig begeisterte UNESCO auch ein Nationalpark »mit einer Biodiversität von globaler Bedeutung«.

hohe Berge, 1500 Meter tiefe Schluchten, und das alles von der Abenddämmerung in ein zärtli-
etaucht: Das Simien-Gebirge gilt nicht umsonst als afrikanische Wunderlandschaft.

Wie Obelisken wachsen manche der Felsen in Simien aus den Bergrücken – oder auch wie Finger aus Stein, die hilflos drohend die Erosion verfluchen, weil sie das aus ihnen gemacht hat

Wären Menschen vor 40 Millionen Jahren Zeugen gewesen, wie sich das Simien-Gebirge durch gewaltige Vulkanausbrüche aus der Erde erhob und als stolzes Massiv dem Himmel entgegenreckte, hätten sie sich wohl niemals vorstellen können, dass diese Monolithen eines Tages zu einer zerklüfteten, von Wind und Wetter zerfressenen und zu lauter bizarren Steinskulpturen modellierten Landschaft werden könnten. Doch genau das ist geschehen. Und so sind die Simien-Berge heute mit ihren reißenden Sturzbächen, apokalyptischen Basaltschluchten und tollkühnen Felsnadeln eine ebenso fragile wie imposante Welt, in der sich die ganze Dramatik der Erdgeschichte widerspiegelt.

ßen breitet sich eine unfassbar abwechslungsreiche Natur mit Bergsavannen und afroalpiner
tion, mit Dschungeln und Basalt-Canyons in den schillerndsten Farben aus.

Doch diese Furcht einflößende Kulisse hat auch ihre sanftmütige Seite. Die Berge speichern enorme Wassermengen und haben der Erde ringsum eine fantastische Fruchtbarkeit geschenkt. Deswegen leben seit Jahrtausenden Menschen hier, Bergbauern in pittoresken Dörfern heute, äthiopische Juden früher, die im 15. Jahrhundert von den christlichen Kaisern Äthiopiens vertrieben wurden. Aus dieser Zeit stammen auch die ältesten Kirchen in dem Gebiet. Und noch viel älter sind die 100 Steinstelen von Aksum – von den Bewohnern dort in mühseliger Handarbeit behauen, als hätten sie der Natur zeigen wollen, dass auch sie in der Lage sind, aus Stein Kunst zu erschaffen.

Die Simien-Berge wurden 1969 zum Nationalpark erklärt – nicht unter staatlicher Regie, sonde
weise unter der Federführung eines walisischen Abenteurers, Schriftstellers und Schauspielers.

Williams Nicol kann sich guten Gewissens als Retter des grandiosesten Naturwunders in
ern lassen. Nicht nur der Mensch, vor allem die Tiere danken ihm das.

Am Beginn seiner langen Reise, im äthiopischen Hochland, ist der Blaue Nil kein gravitätische
tätischer, sondern ein stürmischer Fluss, der in wilden Wasserfällen ins Tal rauscht.

Der Nil ist der Fluss des Lebens. Gäbe es ihn nicht, hätte die Geschichte der Menschheit einen anderen Verlauf genommen. Dann wäre Ägypten ein bedeutungsloser Wüstenstaat geblieben und hätte nicht – neben Mesopotamien – die erste Hochkultur der Welt hervorgebracht, aus deren Schoß alle anderen Zivilisationen bis hin zu unserer entspringen sollten. Deswegen war der Nil schon zu pharaonischen Zeiten ein mythischer Strom, nach dessen Quelle jahrtausendelang vergeblich geforscht wurde. Früh wusste man, dass sich im Sudan der Weiße und der Blaue Nil vereinigen. Doch wo diese Flüsse ihren Ursprung nahmen, blieb lange ein Rätsel. Bis weit ins 19. Jahrhundert glaubte man, dass der Blaue Nil, der im Hochland Äthiopiens entspringt, einer der beiden Quellflüsse sei. Heute gilt er nur als der wichtigste Zufluss – was ihm nicht gerecht wird. Denn die ganze Fruchtbarkeit des Nils, der berühmte Nilschlamm, der erst die Pharaonenreiche ermöglicht hat, bringt der Strom aus den nährstoffreichen Böden Äthiopiens mit. Der Schlamm sorgt auch für die dunkle Färbung, der der Blaue Nil seinen Namen verdankt, ohne den verdienten Ruhm ernten zu dürfen.

er Blaue Nil, dessen Ursprung im äthiopischen Hochland 1770 von James Bruce entdeckt
ner der Quellflüsse des Nils. Heute wird er nur noch als dessen Hauptnebenfluss bezeichnet.

Eine afrikanische Urlandschaft, in die zarten Töne und Schleier der Dämmerung getaucht: Den Zauber des Gheralta-Gebirges kann sich nur der entziehen, der ein Herz aus Stein hat.

Dies ist das Land, in dem alles begann, dies ist das Land, in dem die Königin von Saba ihrem König Salomon jenen Sohn schenkte, der die sagenumwobene Dynastie der Kaiser von Äthiopien begründen sollte. 3000 Jahre lang herrschten Menelik I. und seine Nachfolger über das ostafrikanische Land, bis 1974 mit dem Sturz des 237. Imperators, des greisen Haile Selassie, das salomonische Geschlecht endgültig erlosch. Für die Äthiopier ist die Provinz Tigray im Norden ihres Landes aber nicht nur die Wiege ihrer Nation, sondern auch ihr geistiges und religiöses Zentrum. Denn hier findet man in Gegenden wie Gheralta noch uralte Kirchen, die zum Teil in den Fels gehauen wurden.

chtet die Sonne auch wie das Auge Gottes vom Himmel herab auf das Land, ganz so, als Allmächtige noch einmal der Schönheit seiner eigenen Schöpfung versichern.

Diese Kirchen legen Zeugnis davon ab, dass die Kaiser schon im 4. Jahrhundert zum Christentum konvertierten und damit aus Äthiopien das afrikanische Land mit der längsten christlichen Tradition machten. Die Legende will sogar wissen, dass einst die Bundeslade nach Tigray gebracht wurde – jenes mythische Behältnis, in dem Moses die Zehn Gebote aufbewahrt haben soll. In einer geheimen Kapelle in der Kirche der heiligen Maria von Zion soll die Bundeslade versteckt sein vor der Gier der Menschen, denn man sagt, dass ihre Kraft und ihre Macht unbeschreiblich seien. Und so ist es das Klügste, nicht nach ihr zu suchen, um der Welt nicht den Frieden zu rauben.

Zur Ruhe ist die Erde am Ostafrikanischen Graben noch lange nicht gekommen. Und so wird
Turkanasee zwischen Kenia und Äthiopien von einer ganzen Riege markanter Vulkane gesäum

ane schlafen, doch ihr Schlaf ist nicht fest. Deswegen müssen die Menschen am Turkanasee,
Namen des österreichischen Kronprinzen Rudolf trug, immer auf der Hut sein.

Es scheint das Schicksal von Binnengewässern zu sein, dass sie zum Verschwinden verdammt sind. Überall auf Erden schrumpfen sie langsam – der Aralsee, der Baikalsee, der Titicacasee. Doch so dramatisch wie am Turkanasee im kenianisch-äthiopischen Grenzgebiet ist die Situation kaum irgendwo sonst. Der größte Wüstensee der Welt, in den der Bodensee zehnmal hineinpassen

würde, hat zwar keinen Abfluss. Doch durch Verdunstung verliert er so viel Wasser, dass schon riesige Ufergebiete trockengefallen sind. Das hat katastrophale Folgen für die Menschen, zumal der See ohnehin im Armenhaus Kenias liegt. Immer wieder kommt es zu gewalttätigen Konflikten, zu Überfällen, Viehdiebstählen, sogar zu Mord und Totschlag. Und damit nicht genug: Äthiopien, auf dessen Staatsgebiet der Omo entspringt, der einzige Zufluss des Turkanasees, baut gerade einen gigantischen, zwei Milliarden Dollar teuren Staudamm und droht damit, dem Gewässer regelrecht den Hahn abzudrehen. Mit dem Strom des Damms will sich Äthiopien aus der Armut befreien. Doch für den Turkanasee, der so vielen Menschen das Leben schenkt, wäre es das Todesurteil.

SUGUTA-TAL / LOGIPI-SEE

Erst im späten 19. und frühen 20. Jahrhundert gaben Vulkane dem Suguta-Tal im Norden Keni ges Aussehen. Und ihre Arbeit als Landschaftsarchitekten ist noch lange nicht beendet.

Manchmal fragt man sich, warum die Schöpfung ihren Tierreichtum so ungerecht verteilt hat. Viele Weltgegenden hat sie stiefmütterlich behandelt und nur mit ein paar unscheinbaren Vögeln und Insekten ausgestattet. In anderen Regionen kann man stundenlang durch den Wald laufen, ohne einem größeren Tier zu begegnen. In Ostafrika hingegen findet permanent eine Massenvollversammlung der Fauna statt. Hier zählt man die Tiere, die man sieht, nicht einzeln, auch nicht im Dutzend, sondern nach Hunderten, wenn nicht Tausenden. So ist es auch am Logipi-See im Norden des Suguta-Tals im nördlichen Kenia, einer staubtrockenen und eigentlich ziemlich lebensfeindlichen Gegend.

rt die zahllosen Flamingos allerdings überhaupt nicht. Sie freuen sich über das verschwende-
ungsangebot an Plankton im Logipi-See, der für sie eine einzige Festtafel ist.

Das Suguta-Tal zählt zu den trockensten Regionen Kenias mit einem jährlichen Niederschlag von gerade einmal 300 Millimetern. Und nur heißen Quellen ist es zu verdanken, dass die Gegend nicht in völliger Trockenheit versinkt und jede Form des Lebens unmöglich macht. So aber gibt es den Logipi-See, ein stark salzhaltiges und alkalisches Wasserloch des Überlebenswillens, nur sechs Kilometer lang und drei Kilometer breit und gerade einmal drei bis fünf Meter tief. Doch das reicht, um Abertausende Flamingos anzulocken, die in dem See nach Plankton fischen und ihm mit ihrem rosa Federkleid wunderbare Farbtupfer verschaffen – viel, viel mehr, als man jemals zählen könnte.

Die Lebensader des Samburu-Naturschutzgebiets: Ohne den Uaso-Nyiro-Fluss wäre das 165
meter große Wildreservat eine einzige lebensfeindliche Ödnis. Denn Regen fällt hier kaum einm

In unserem Denken gibt es eine klare Trennlinie zwischen der Natur und der Zivilisation. Auf der einen Seite dieser Grenze lebt der zivilisierte Mensch, auf der anderen das wilde Tier. In Ostafrika aber existiert diese Linie nicht. Genau deswegen üben Länder wie Kenia oder Tansania diesen unwiderstehlichen Reiz auf uns aus. Im Samburu-Naturschutzgebiet, 350 Kilometer nördlich von Nairobi zum Beispiel, teilen sich seit Jahrhunderten Löwen, Leoparden, Hyänen, Elefanten und Nilkrokodile das Land mit dem kriegerischen, halbnomadischen Volk der Samburu. Diese Verwandten der Masai ziehen mit ihren Rinder- und Ziegenherden durch das trockene Buschland, wobei sich zwischen ihrem Vieh so selbstverständlich Zebras, Antilopen, Gazellen und Strauße tummeln, dass man auf den ersten Blick gar nicht sagen kann, welches Tier wild und welches domestiziert ist. Abends aber löst sich die harmonische Einheit auf und die Wege trennen sich. Die Löwen und Krokodile suchen sich in freier Wildbahn einen Schlafplatz, und die Samburu kehren mit ihren Herden zu ihren Hütten aus Tierhäuten und Grasmatten zurück, in denen alle Macht den alten Männern gehört.

uss führt immer weniger Wasser. Und das ist für die vielen Leoparden, Geierperlhühner, Zebras, en und Löwen genauso verheerend wie für die Halbnomaden des Samburu-Volks.

Das Halbnomadenvolk der Samburu weiß ganz genau, wie man der Natur in dem nach ihm benannten Naturschutzgebiet trotzt. Die alten Männer, Lpayan genannt, tragen in der streng hierarchisch geordneten Gesellschaft die Verantwortung für den Clan. Die jungen Männer, die Lumurran, hüten nicht nur die Rinder, sondern verteidigen als Krieger auch ihr Volk. Und die Kinder, die Layeni, kümmern sich um die Ziegen und Schafe. Nur dank dieser Viehwirtschaft können die Samburu im trockenen Buschland überleben, das viel zu karg ist für Landwirtschaft. Und so sind die Kinder und Männer, die traditionell in rote Umhänge gekleidet sind, ständig auf der Suche nach halbwegs fruchtbarem Weideland. Das Nötigste haben die Samburu in einem Lederbeutel bei sich, dem Samburr, dem das Volk seinen Namen verdankt. Große Fleischesser sind die Hirten aber nicht, denn das Vieh ist viel zu kostbar zum Schlachten. Das geschieht nur bei wichtigen Zeremonien, etwa bei Hochzeiten. Das Hauptnahrungsmittel der Samburu ist Milch, die sie oft mit Blut vermischen, wenn sie sich nicht Suppen aus Wurzeln kochen – die Wildnis ist eben kein Ort für Gourmets.

Bereit für die nächste Attacke: Eine Löwin schärft sich im Samburu-Naturschutzgebiet im Norde
ihre Krallen, denen bald ein Gnu, ein Zebra oder eine Antilope zum Opfer fallen werden.

önnen nur Leoparden faulenzen. Im Samburu-Schutzgebiet sind sie besonders leicht zu sehen,
er mit Ködern angelockt wurden und deswegen kaum Scheu vor Menschen haben.

Ein Anblick, der jedem den Atem und die Sprache verschlägt, allein schon deshalb, weil man ein
tische hochalpine Kulisse auf dem Schwarzen Kontinent nicht erwartet: das Massiv des Mount

lionen Jahren türmten Vulkane dieses Gebirge am Äquator auf, das vermutlich einmal rund
noch war. Heute sind es an der höchsten Stelle immer noch rekordverdächtige 5199 Meter.

Wie eine grüne Arche Noah ragt die Ebene vor dem Mount Kenya aus der trockenen Savann
Denn da an seinen Flanken oft die Wolken hängen bleiben, regnet es hier weitaus häufiger als i

Als der pietistische Missionar Johann Ludwig Krapf 1849 von einer Expedition ins tiefe, dunkle Herz Ostafrikas zurückkam, hatte er Ungeheuerliches zu berichten: In unmittelbarer Nähe des Äquators gebe es einen Berg, der so aberwitzig hoch sei, dass auf seinem Gipfel immer Schnee und Eis lägen. Obwohl Krapf beim Allmächtigen schwor, dass es genau so sei und obwohl niemand den Gottesmann der Lüge bezichtigte, weil Lügen ja eine gotteslästerliche Sünde ist, schenkte kein Mensch dem armen Mann Glauben. Schnee am Äquator! Gletscher in den Tropen! Was für eine bizarre Vorstellung! Er müsse wohl Opfer einer Sinnestäuschung geworden sein, beschied man Krapf, dem es nicht mehr vergönnt war, den Triumph des Rechts aus zukosten. Denn erst zwei Jahre nach seinem Tod, im Jahr 1883, bestätigte eine britische Expedition die Schilderung des Johann Ludwig Krapf: 15 Kilo-meter südlich des Äquators erhebt sich ein gewaltiges Massiv, dessen höchster Punkt 5199 Meter hoch aufragt und vollständig vergletschert ist – der Mount Kenya, der zweithöchste Punkt Afrikas nach dem Kilimandscharo, der heute eigentlich Mount Krapf heißen müsste.

eren zahllose Vogelarten, aber auch die seltene Bongo-Antilope, die am liebsten im dichten
lebt und ihre Tarnung aus weißen Streifen dieser Umgebung perfekt angepasst hat.

Hier reißt die Erde auseinander, und ein neuer Kontinent entsteht: Das Great Rift Valley, das von nach Somalia reicht, wird sich eines fernen Tages in einen Ozean verwandeln.

Eines Tages im Jahr 1893 stand der britische Geologe Walter Gregory irgendwo in Kenia am Rand des Ostafrikanischen Grabenbruchs, blickte in den Abgrund – und erschauderte vermutlich derart, dass er fast in die Tiefe gestürzt wäre. Denn plötzlich hatte er begriffen, was er vor sich sah: einen gigantischen Spalt in der Erdkruste, der rund 6000 Kilometer weit vom See Genezareth im Norden bis zum Victoriasee im Süden reicht. Vor 35 Millionen Jahren rissen hier die Afrikanische und die Arabische Platte auseinander, und die Erde versank bis zu 1000 Meter tief in ihrem eigenen Schlund. Aus diesem geologischen Untergangsdrama entstand eine imposante Landschaft Ostafrikas.

e Graben ist aber auch noch etwas ganz anderes: die Wiege der Menschheit. Hier wurden die
er ersten Hominiden gefunden, die das »missing link« zwischen Mensch und Affe sind.

Den Kilimandscharo und den Karisimbi, den Mount Kenya und den Mount Meru hat der Ostafrikanische Grabenbruch entstehen lassen, den man auch unter seinem englischen Namen Great Rift Valley kennt. Und das Auseinanderbrechen geht unvermindert weiter. Eines Tages wird sich das östliche Afrika vom übrigen Kontinent trennen und einen neuen Erdteil bilden. Doch bis es so weit ist, haben wir noch Zeit, uns an der Magie dieses Ortes zu berauschen, die von der dänischen Schriftstellerin und Afrika-Liebhaberin Karen Blixen so beschrieben wurde: »Wer auf einen Aufenthalt im afrikanischen Hochland zurückblickt, den überkommt das Gefühl, er habe eine Zeit lang hoch in der Luft gelebt.«

»Den wunderschönsten Ort in Afrika« nannte der berühmte britische Geologe Walter Gregor
Bogoria mit seinen fast irreal wirkenden Riesenschwärmen von Flamingos und Pelikanen.

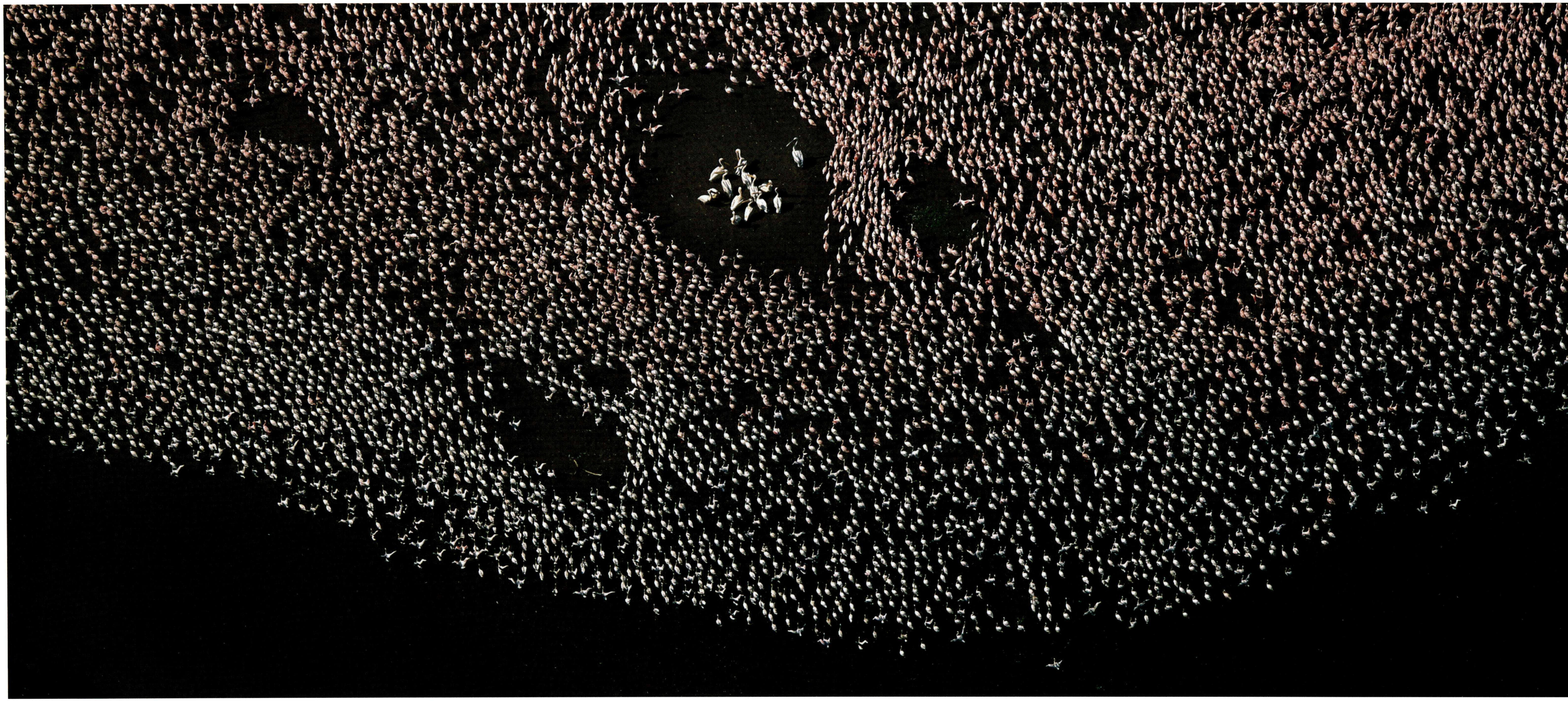

Selbst den vernünftigsten und klarsichtigsten Menschen kann es am Ufer des Bogoriasees passieren, dass sie an ihrem Verstand zweifeln. Nicht nur, dass der aberwitzige Auftritt Abertausender Flamingos schon unglaublich genug ist. Zu allem Überfluss schießen hier auch noch andauernd bis zu vier Meter hohe Fontänen in den kenianischen Himmel, als befinde man sich nicht in Afrika, sondern in Island oder im Yellowstone-Nationalpark. Es gibt indes eine einfache geologische Erklärung für dieses Phänomen: Der See liegt genau auf dem Ostafrikanischen Grabenbruch, einer vulkanisch und seismisch hochaktiven Gegend, in der die Erde wie eine offene Wunde daliegt.

deanflug trotz bedenklicher Überfüllung: Für die Flamingos ist der knapp 300 Kilometer nörd-
bi gelegene See mit seinen vielen Kleinkrebsen ein einziges Schlaraffenland.

Obwohl der 30 Quadratkilometer große Bogoriasee stark alkalisch ist, dient er vielen Tieren als Trinkwasserquelle, darunter Zebras, Impalas, Kudus, Gazellen und natürlich Flamingos und Pelikanen. Sie alle machen aus dem See ein Tableau von fast unwirklicher Schönheit, deren Reiz auch die Schriftstellerin Karen Blixen erlag: »Um die Tagesmitte beginnt die Luft über dem Lande sich zu regen wie eine aufsteigende Flamme. Sie flimmert, wogt und schimmert wie rieselndes Wasser, spiegelt und verdoppelt alle Gegenstände und schafft große Fata Morganen.« Und das Beste ist: Der Lake Bogoria ist nicht das Hirngespinst einer überforderten Fantasie, sondern nichts als wahre Wirklichkeit.

LAKE BOGORIA

Die ganze Welt ist rosarot – jedenfalls am Bogoriasee in Kenia, in dem Hunderttausende von Fl
Plankton fischen und dabei ein seltsames Bild zwischen Anmut und Staksigkeit abgeben.

Warum sind Flamingos so rosa? Die naheliegendste Antwort, die von vielen Kindern oft wie aus der Pistole geschossen kommt, lautet: Weil sie so viele Gambas, Langostinos und andere rötliche Schalentiere fressen, dass sie davon ganz rosa werden. Das stimmt natürlich nicht, ist aber auch nicht gänzlich falsch. Denn tatsächlich ist die Nahrung für die Färbung der Flamingos verantwortlich. Sie können dank einer speziellen Ausformung ihres Schnabels und ihrer Zunge, die dem Maul von Bartenwalen ähnelt, große Mengen an Plankton aus dem Wasser filtern. Dazu schwenken sie ihren Kopf durch das Wasser und pressen es in ihren Schnabel, in dessen Lamellen das Plankton hängen bleibt.

nderer Vogel hat im Verhältnis zur Körpergröße einen so langen Hals und so lange Beine wie der
nd schon gar nicht eine der fast 500 Arten, die am Bogoriasee heimisch sind.

Im Plankton wiederum sind Carotinoide enthalten, die vom Organismus der Flamingos in rosa Farbpigmente umgewandelt und im Gefieder eingelagert werden. Und so werfen die Flamingoschwärme ganzen Seen wie dem Bogoriosee im trockenen, wüstenartigen Norden Kenias einen rosafarbenen Schleier über, der so unwirklich und surreal wirkt, als habe die Natur aus Versehen in das falsche Fach des Farbmalkastens gegriffen. Am 30 Quadratkilometer großen Bogoriosee fühlen sich die Flamingos so wohl, weil er – wie alle anderen sechs Seen im kenianischen Kontinentalgrabenbruch – keinen sichtbaren Abfluss hat und damit ideale Bedingungen für das Wachstum von Plankton bietet.

Die Zärtlichkeit der Rhinozerosse: Nashörner wie diese beiden Exemplare vom Nakurusee im k
Rift Valley sehen zwar Furcht einflößend aus, besitzen aber einen sanftmütigen Charakter.

Agglutiniertes Keratin ist ein Protein, das keine besonders auffälligen Eigenschaften hat und auch sonst ein recht belangloser Stoff ist. Für die Nashörner aber ist Keratin ein allzu oft todbringendes Verhängnis. Denn ihr Horn besteht aus diesem Protein, das in vielen Ländern größte Begehrlichkeiten weckt. Auf der Arabischen Halbinsel werden die Griffe der kostbarsten Dolche aus Nashornhörnern geschnitzt, und in der traditionellen chinesischen Medizin gilt das Horn als Wundermittel gegen Schmerzen und Fieber und soll außerdem als Aphrodisiakum wirken. Deswegen ist kaum ein anderes Tier so sehr im Visier der Wilderer wie dieser gewaltige und im Grunde seines Wesens friedfertige Pflanzenfresser, der dreieinhalb Tonnen schwer werden, aber immer noch schneller rennen kann als jeder Olympiasprinter. Zwischen 10 000 und 30 000 Dollar bringt ein Kilo Horn auf dem Schwarzmarkt – ein Preis, für den Menschen zu töten bereit sind. Doch es gibt Hoffnung. Denn genauso wild entschlossen wie die Wilderer sind die Naturschützer, die das Nashorn in seinen letzten Refugien wie dem Nakuru-Nationalpark im kenianischen Rift Valley hüten wie ihre Augäpfel.

e und der ihn umgebende Nationalpark sind berühmt für einen außerordentlichen Tierreichtum
n bis zu Barschen, die einst zur Mückenbekämpfung im See ausgesetzt wurden.

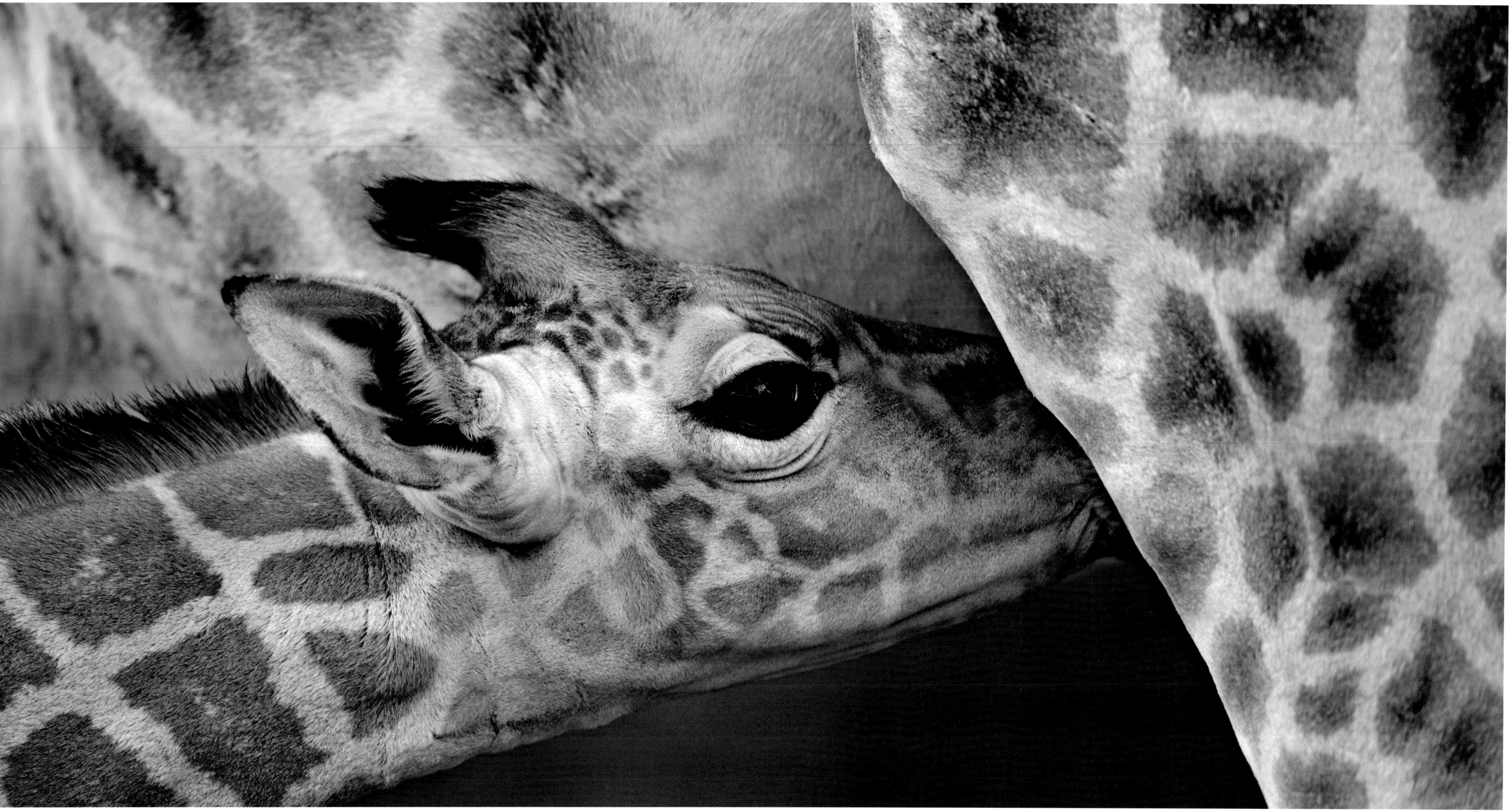

LAKE ELMENTEIAT

Eine riesige Büffelherde unter Sturmwolken am Elementaitasee im Nordwesten Kenias: Es si
solcher überwältigender Monumentalität, die seit jeher den Reiz Ostafrikas ausmachen.

Hugh Cholmondeley, der dritte Baron von Delamere, war kein nachtragender Mann. Ende des 19. Jahrhunderts reiste der englische Aristokrat zur Großwildjagd ins Somaliland am Horn von Afrika, wurde dort von einem Löwen attackiert, überlebte nur dank des beherzten Eingreifens seines einheimischen Begleiters, sollte aber als Folge des Angriffs zeitlebens hinken. Doch der Baron verfluchte daraufhin Afrika und seine wilden Tiere nicht, sondern geriet ganz im Gegenteil in seinen Bann. Ein paar Jahre später durchquerte er mit einer großen Expedition die Wüste des südlichen Somalilands, erreichte Britisch-Ostafrika, verliebte sich sofort – und beschloss, für immer zu bleiben.

ination verfiel auch der englische Aristokrat Baron Delamere, der Hunderte Quadratkilometer m den See kaufte und hier ein Leben wie aus einem Abenteuerroman führte.

Baron Delamere kaufte Hunderte Quadratkilometer Land, zählte bald auch den Elementaitasee im kenianischen Rift Valley zu seinem Privatbesitz und begann mit einer systematischen landwirtschaftlichen Erschließung der Region. Delamere, der jahrelang in Lehmhütten lebte, war besessen von dem Gedanken, aus Kenia ein blühendes Land zu machen. Er experimentierte mit Feldfrüchten, baute im großen Stil Weizen an und importierte Merinoschafe aus Neuseeland. Er war aber auch ein berüchtigter Lebemann, der gerne Orgien feierte und mit seinem Pferd in den Speisesaal des Norfolk Hotels in Nairobi einritt – eine Figur so schillernd und zwiespältig wie Afrika selbst.

Das Ballett der Flamingos ist ein fantastisches, farbenfrohes Schauspiel am Lake Naivasha nordwestlich von Nairobi. Sie können es nur aufführen, weil der See extrem flach ist.

Es gibt in der Wildnis Afrikas den magischen Moment der Dämmerung. Es ist jener kurze Augenblick, in dem die tagaktiven Tiere verstummen und die nachtaktiven noch friedlich schlummern, in dem vollkommene Eintracht zwischen allen Elementen und allen Lebewesen zu herrschen scheint. Einen ganz besonderen Zauber entfaltet dieser Moment am Lake Naivasha im Südwesten Kenias. Wie auf Kommando halten die Tausenden Ibisse, Goliathreiher, Marabus, Kormorane, Pelikane und Schreiseeadler ihren Schnabel. Und auch die Giraffen, Zebras, Paviane und Antilopen begeben sich geschlossen zur Nachtruhe. Wenn man gerade einen Ausflug auf die Insel des Creek Island Wildlife Sanctuary mitten im See macht, kann man das hautnah miterleben. Doch man sollte auch auf der Hut sein. Denn in der Abenddämmerung verlassen die Nilpferde den Naivashasee und trotten auf die Insel. Und mit diesen mächtigen Burschen sollte man nicht spaßen, weil sie ihrerseits keinen Spaß verstehen. Man sollte also schleunigst die Insel verlassen, so friedlich der magische Moment der Stille in der Savanne auch sein mag. Denn jeder Frieden ist hier eine Illusion.

sammlung am höchstgelegenen See des Great Rift Valley: Der Lake Naivasha ist ein beliebter
r Pelikane, Kolibris, Nubische Spechte und viele andere gefiederte Freunde.

Jeder Tierart hat die Evolution eine Nische zum Überleben geschaffen. Den Giraffen ließ sie so wachsen, dass sie als einzige Landbewohner die Blätter der Baumkronen fressen können.

her Zoo ganz ohne Zäune: In keinem anderen Naturschutzgebiet Kenias leben mehr Tiere als in
adratkilometer großen Masai Mara, die sich nördlich an die Serengeti anschließt.

Man muss die Masai Mara von oben sehen, von einem Flugzeug aus oder noch besser bei einer Ballonfahrt. Ganz früh geht es los, denn nur im Morgengrauen erlaubt die Thermik der Grassavanne im Süden Kenias die Fahrt. Lautlos entschwebt man der Erde, und auch im Korb des Ballons verstummen alle Passagiere. Denn was sie sehen, erfordert zwingend die Andacht des Schweigens: eine endlose Wildnis, durch die sich der Mara-Fluss als schmales braunes Band schlängelt, eine Welt, bevölkert von Zehntausenden, Hunderttausenden Wildtieren, von Elefanten, Leoparden, Hyänen und Wildhunden, von Gnus, Gazellen und Antilopen. Man erkennt die massigen Körper der Flusspferde, die wie lebende Findlinge aussehen, und die geduldig lauernden Krokodile, die vielleicht doch Baumstämme sind. Man sieht ein Rudel Löwen, das gerade ein Zebra verschlingt, und Horden von Geiern und Marabus, dieser Müllabfuhr der Savanne, die mürrisch auf ihren Einsatz warten. Zwischen diesem Urbild der Schöpfung ragen lauter isolierte Bäume in den Himmel, die wie einzelne Punkte aussehen – und jetzt versteht man auch, warum Mara in der Sprache der Masai »gepunktet« bedeutet.

Überlebenschance ungewiss, denn Fressen und Gefressenwerden ist das Grundgesetz jeder Wil
auch für die Masai Mara, in der sich die Wildtiere fast auf Hufen und Pfoten stehen.

das Zebraweibchen mit seinem Jungen immer wachsam. Denn es kann gut sein, dass diese Ge-
dem Termitenhügel nichts Gutes im Schilde führen – jedenfalls nicht für Zebras.

Überwältigende Bilder von fast apokalyptischer Schönheit: In der Masai Mara kann man sie oft
sich der Himmel so schwarz färbt, als habe die letzte Stunde der Erde geschlagen.

glauben nicht an Gott, sondern gehorchen nur den Naturgesetzen. Die einen wissen, dass sie
hutz der Herde sicher sind. Und der Sperbergeier weiß, dass er nur Geduld braucht.

Als wäre er zu Besuch beim Porträtfotografen: So stolz posiert dieser Löwe vor der Kamera, so ge
beinahe arrogant, denn er weiß genau, dass er in der Masai Mara der König der Tiere ist.

ibt auch der Löwe, der dank seiner Kraft und Überlegenheit der Tyrann der Savanne sein
hörderisches Spiel. Er holt sich nur das, was er zum Überleben unbedingt braucht.

Fressen und gefressen werden: Die Gnus überqueren den Marafluss zu Abertausenden, um ir
re Savanne am anderen Ufer zu gelangen. Und die Krokodile lauern im Wasser auf fette Beute

Das ist der alles entscheidende Moment, jetzt geht es um Leben und Tod: Tausende Gnus haben sich am Steilufer des Mara versammelt und tagelang gewartet, bis die Anführer der Herde die richtige Stelle zur Überquerung des Flusses gefunden haben. Auf das Kommando der Chefs geht es los: Eine Lawine aus Tierleibern stürzt sich wie von Sinnen ins Wasser in der Hoffnung, heil ans andere Ufer zu kommen. Denn im Mara lauern Hunderte von Krokodilen, die nur auf diesen Augenblick gewartet haben. Was jetzt folgt, ist eines der größten Gemetzel, die es in der Natur zu erleben gibt, ein blutiger Kampf, der mit Tausenden Opfern endet – aber eben auch mit neuem Leben.

lohnt sich. Denn derart gewaltig ist die Zahl der Gnus, die den Marafluss überqueren, dass selbst nsten Krokodile fette Beute machen. Ein Biss, und das Schicksal ist besiegelt.

Es gibt kaum ein spektakuläreres Schauspiel im Tierreich als die jährliche Wanderung der Gnus in Ostafrika. Während der Regenzeit grasen sie auf den fetten Weiden der Serengeti in Tansania. Nach deren Ende im Frühsommer verdörrt das Land, und die Gnus ziehen nach Norden in die Masai Mara in Kenia, wobei sie den Marafluss überqueren müssen. Gegen Ende des Jahres gibt es auch in Kenia nichts mehr für sie zu fressen. Also setzt sich die hungrige Karawane wieder in Bewegung, zurück in Richtung Süden, wobei abermals der Mara überwunden werden muss. Tausende Tiere überleben diese Migration nicht, die inzwischen zu den größten Touristenattraktionen Ostafrikas zählt.

Der Augenblick der Wahrheit, des Lebens und des Todes: Abertausende Gnus preschen wie vor
um heil das andere Ufer des Mara River zu erreichen. Es ist ihre einzige Überlebenschance.

agen die Menschen in der Masai Mara, sähen aus, als seien sie aus anderen Tieren zusammen-
den. Gott müsse wohl sehr müde gewesen sein, als er diese Wesen erschuf.

Seit Jahrzehnten leben die Elefanten des Amboseli-Nationalparks im südwestlichen Kenia nahez von äußeren Einflüssen. Ihr Generationengefüge ist intakt, weil kaum ein Tier abwandert.

Ende des 19. Jahrhunderts kam der berüchtigte schottische Großwildjäger Joseph Thompson nach Amboseli im Südwesten Kenias, war wie vom Donner gerührt angesichts des unvorstellbaren Tierreichtums in diesem Gebiet und nutzte die Gelegenheit, um seine Trophäensammlung ein wenig zu erweitern. Er war einer der letzten Jäger, dem das vergönnt war. Denn schon um die Jahrhundertwende stellte die britische Kolonialverwaltung Amboseli unter Naturschutz, sodass sich bis heute eine beeindruckende Zahl von Tieren erhalten hat. Allein Hunderte Elefanten ziehen durch den Park – sehr zur Freude der Safaritouristen und weniger zum Vergnügen der hier lebenden Masai.

aftler betreiben im Amboseli-Nationalpark eines der weltweit wichtigsten Forschungsprojekte, um
omplizierte Sozialverhalten der Elefanten innerhalb ihrer Familienverbände zu studieren.

Die roten Elefanten sind das Wahrzeichen des Tsavo-Nationalparks, des größten Wildschutzgeb
Kenia. Ihre Farbe verdanken sie der roten Erde von Tsavo, in der sie sich immer wieder wälzen.

Wehe, wenn der letzte Elefant stirbt. Denn dann wird die Erde verdorren und alles Leben auf ihr verschwinden. So lautet ein Urmythos Afrikas, der mehr mit der Wirklichkeit zu tun hat, als uns lieb sein kann. Denn viel hat nicht gefehlt, und die Elefanten Ostafrikas wären von Wilderern tatsächlich ausgerottet worden. In den 1980er-Jahren wurde die Lage so dramatisch, dass der damalige kenianische Präsident Daniel arap Moi beschloss, die Reißleine zu ziehen. Er machte Richard Leakey zum Leiter der staatlichen Naturschutzbehörde, einen Mann, der für seine Entschlossenheit und Willenskraft berühmt war. Leakey baute eine paramilitärische Truppe auf, die mit Wilderern kein Pardon kannte und ihnen mit rigoroser Härte das Handwerk legte. Er setzte auch die weltweite Ächtung des Handels mit Elfenb
und ließ in Nairobi Berge von Elf
fentlich verbrennen. Die Elefanten
erholten sich erstaunlich schnell,
im Tsavo-Nationalpark, der beson
unter der Wilderei gelitten hatte. H
hier mehr Dickhäuter als irgendw
Kenia. Und so ist die Erde vor dem
gerettet – zumindest vorerst.

ufnahme offenbart sich das Geheimnis der rothäutigen Elefanten: Wie eine dicke Schicht Make-
e rote Erde in den unzähligen Falten des geschützten Dickhäuters.

Für Menschen sind die glühend heißen Savannen und staubtrockenen Steppen des Tsavo-Na
eine Hölle. Grautokos, Webervögel und Geierperlhühner hingegen fühlen sich hier wie im Paradi

mit einem ausgesprochen geselligen Gemüt: Der Goldene Palmweber, der kaum faustgroß wird,
ten in riesigen Kolonien zusammen und veranstaltet dabei einen Höllenlärm.

Keinen anderen Berg Afrikas umgibt eine solch mythische Aura wie den 5895 Meter hohen Kili
den höchsten Gipfel des Kontinents, diesen »unvorstellbar weißen« Koloss, wie Hemingway sc

»Ich pflanzte auf dem verwitterten Lavagipfel mit dreimaligem, von Herrn Purtscheller kräftig sekundiertem Hurra eine kleine, im Rucksack mitgetragene deutsche Fahne auf und rief frohlockend: Mit dem Recht des Ersteigers taufe ich diese bisher unbekannte, namenslose Spitze des Kibo, den höchsten Punkt afrikanischer und deutscher Erde: Kaiser-Wilhelm-Spitze.« So steht es im Tagebuch des Leipziger Geografen Hans Meyer, der am 6. Oktober 1889 gemeinsam mit dem Salzburger Alpinisten Ludwig Purtscheller auf dem Gipfel des Kilimandscharo stand. Nach dem deutschen Kaiser ist der emblematischste Berg Afrikas längst nicht mehr benannt, und so einsam wie damals geht es dort oben auch nicht mehr zu. Tausende versuchen jedes Jahr, diesen mythischen Gipfel zu besteigen, der sich wie ein Gottesthron aus der Savanne erhebt, bergsteigerisch indes anspruchslos ist. Man braucht weder Seil noch Steigeisen, dafür aber einen eisernen Willen. Denn die letzten 1200 Höhenmeter sind eine einzige Schutthalde voller Lavastaub, in der man bis zum Knöchel einsinkt und jeder Schritt zur Qual wird – ganz so, als wehre sich der Kilimandscharo gegen den vielen Besuch.

e sagt, dass die Stammesfürsten der Umgebung immer wieder ihre tapfersten Krieger auf den
kten, um das Silber herunterzuholen. Doch es schmolz ihnen in den Händen dahin.

Als der deutsche Missionar Johann Rebmann 1848 von einer Expedition ins Innere Afrikas zur
von einem kolossalen Berg mit einer weißen Schneehaube berichtete, hielt man ihn für verrückt

Es ist eigenartig: Die meisten Menschen, die es geschafft haben, den Kilimandscharo zu bezwingen, erleben auf dem Gipfel keinen Glücksrausch, sondern fast einen Moment der Ernüchterung – obwohl sie einen berauschenden Aufstieg hinter sich haben, einen Marsch durch fünf Vegetationszonen vom dampfenden Urwald bis zu hochalpinen Regionen. Man kommt an mannshohen Farnen

vorbei, an gigantischen Wacholdersträußen, an rauschenden Bächen und uralten Bäumen, die Bärte aus verfilztem Moos tragen und wie verzauberte Märchenwesen ausschauen. Doch dann erstirbt alle tropische Üppigkeit, wie ein ferner Traum verabschiedet sie sich von den Bergsteigern und macht Platz für Lava, Krater und Gletscher, den vulkanischen Erbschaften des Kilimandscharo.

Plötzlich ist man in einer Mondlandschaft, in einer gespenstischen Leere, aus der alles Leben für immer gewichen zu sein scheint. Und irgendwann steht man dann ganz oben, auf dem 5895 Meter hohen Kibo, dem höchsten Punkt des Massivs, und weiß endlich, was man vermisst: denn Anblick des Kilimandscharo, dieses fantastische Bild, der schönste Anblick Ostafrikas.

KILIMANDSCHARO

erg am Äquator? Unmöglich! Und genau diese Unmöglichkeit, diese Unglaublichkeit, diese
rkeit ist bis heute das überwältigendste Panorama im gesamten östlichen Afrika.

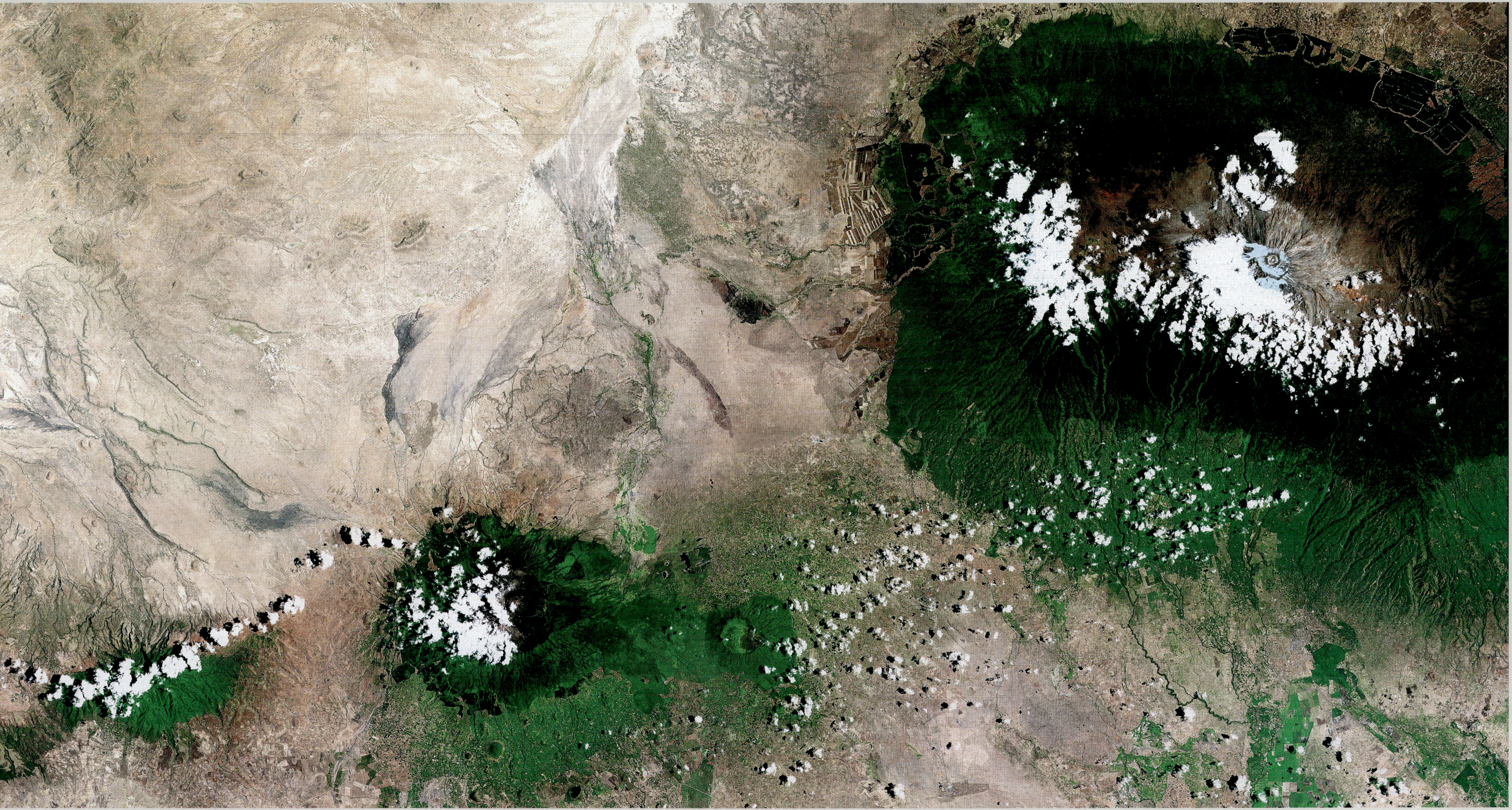

KILIMANDSCHARO

Drei Millionen Jahre alt ist das gewaltige Kilimandscharo-Massiv mit dem Kibo-Gipfel als höch
das von drei Vulkanen am Rand des ostafrikanischen Grabenbruchsystems aufgetürmt wurde.

en, so sagen es die Legenden der Menschen, die rund um den Kilimandscharo leben, ist der ausgebrochen. Seither herrscht Ruhe hier oben. Doch sie ist trügerisch.

»Das endlose Land« nennen die Masai die Serengeti im Norden Tansanias, die für sie imm
Lebensraum gewesen ist. Für alle anderen Menschen ist sie eines der schönsten Werke der S

Die Serengeti ist nicht gestorben. Sie lebt und gilt längst in aller Welt als der Inbegriff eines unvergleichlichen Schatzes der Schöpfung, der um jeden Preis bewahrt werden muss. Daran hat der deutsche Zoologe Bernhard Grzimek einen großen Anteil, der 1959 seinen legendären, mit einem Oscar preisgekrönten Dokumentarfilm »Serengeti darf nicht sterben« drehte, damit weltweit das Bewusstsein für den unfassbaren Reichtum dieses Gebiets weckte und so zum geistigen Vater des berühmtesten Nationalparks Afrikas wurde. Fast 15 000 Quadratkilometer ist das Schutzgebiet im Norden Tansanias groß, eine flache Savannenlandschaft, dekorativ gesprenkelt von Schirmakazien und bewohnt von Millionen wilder Tiere. Hier werden alle Sehnsuchtsbilder Afrikas erfüllt, hier werden die kühnsten Versprechungen sogar noch übertroffen. Es ist beinahe eine Überdosis an Überwältigung, wenn man in der Serengeti all jene Tiere sieht, die die ganze Anmut und Kraft, Schönheit und Grausamkeit der Natur verkörpern, Löwen und Leoparden, Goldschakale und Husarenaffen, Tüpfelhyänen und Pferdeantilopen, Impalas und Karakale, Nilwarane und Pythons – zum Glück ist diese Wunderwelt nicht gestorben.

in der freien Natur manchmal auch zugeht, so wenig tötet dort irgendein Lebewesen aus reiner
r Mordlust. Es gelten einfach eigene Gesetze des Überlebens.

Ein Anblick wie aus dem Safari-Bilderbuch: Impalas posieren vor strahlend blauem Himmel i
geti. Doch so friedlich und einträchtig geht es bei dieser anmutigen Antilopenart nicht immer zu

gszeit liefern sich die männlichen Tiere wilde Kämpfe um ihren Harem. Erst drohen sie sich und wenn dann keines der Männchen nachzugeben bereit ist, werden die Hörner gekreuzt.

NGORONGORO-KRATER

Heute wohnt kein Mensch mehr im Ngorongoro-Krater im Norden Tansanias, heute gehört er Ab
Tieren. Vor unendlich langer Zeit aber stand vermutlich hier die Wiege der Menschheit.

Der größte Zoo der Erde ist immer geöffnet. Er ist 21 Kilometer lang, 17 Kilometer breit, bedeckt also eine Fläche von 260 Quadratkilometern, wird aber nicht von Mauern und Zäunen, sondern von Hunderte Meter hohen Kraterwänden eingefasst und von 25 000 Tieren bevölkert. Wer diesen Tierpark jemals gesehen hat, weiß, dass nüchterne Zahlen nichts sagen, und wird stattdessen unweigerlich behaupten: Der größte Zoo der Welt ist auch ihr imposantester und grandiosester und unvergesslichster. Wenn man auf dem 2300 Meter hohen Rand des Ngorongoro-Kraters am Rand der Serengeti steht und 600 Meter tief hinabblickt auf das Gewusel der Tiere, glaubt man seinen Augen nicht. Dort unten ist die höchste Raubtierdichte Afrikas versammelt, Löwen, Schakale und Hyänen, machen Jagd auf Zebras, Gnus, Büffel, Antilopen, Gazellen, selten gibt es derart viele Tiere auf so engem Raum. Und dann taucht man ein in dieses Wimmelreich aus Wildtieren, sieht pausenlos kreisende Fischadler, schmusende Breitmaulnashörner, lauernde Geier, sieht Leben und Tod – und weiß nicht, wie man jemals wieder einen normalen Zoo betreten kann.

viele archäologische Funde rund um den Ngorongoro-Krater, um die sich die Tiere aber nicht
der die Zebras noch die Meerkatzen oder Geparden, die Nashörner oder Büffel.

Hier bekommt jeder Sehnsucht nach der Wildnis: der Arusha-Nationalpark im Nordosten von T
zwischen dem Kilimandscharo und dem Mount Meru liegt, dem höchsten und vierthöchsten Be

In seinen grandiosesten Momenten ist Afrika nichts weniger als die schöne Zwillingsschwester unserer Vorstellung von Afrika. Der Arusha-Nationalpark in Tansania ist ein solcher Moment: eine permanente Postkarte, die Einlösung aller Sehnsuchtsbilder, eine niemals endende Präsentation von Zebraherden, Wasserbüffeln, Affen, Vulkankratern. Bald hört man auf, die Giraffen zu zählen, nimmt die Nilpferde mit routinierter Beiläufigkeit zur Kenntnis, findet die Affen in den Bäumen so besonders wie daheim die Spatzen und staunt schon gar nicht mehr darüber, dass die Sonne immer genau hinter einer Schirmakazie untergeht, als mache sie es allein den Besuchern zuliebe.

ren Tiere verbinden Staksigkeit und Eleganz so spielerisch wie die Giraffen. Sie scheinen sich
n Zeitlupe zu bewegen und jederzeit einknicken und einfach umfallen zu können.

Solche Bilder waren es, die erst die deutsche Abenteurerin Margarete Trappe und dann den amerikanischen Regisseur Howard Hawks in den Bann schlugen. Trappe ging in Arusha Anfang des 20. Jahrhunderts auf Großwild- und, wie man munkelt, auch erfolgreich auf Männerjagd. Hawks drehte 60 Jahre später hier das Wildhüterepos »Hatari« mit John Wayne und Hardy Krüger in den Hauptrollen, die Mutter aller Safarifilme und Geburtsstunde des Fotosafaritourismus. Spätestens seit diesem Film will die ganze Welt die Wildnis Afrikas mit eigenen Augen sehen – und wird in Arusha niemals enttäuscht, weil hier Wirklichkeit und Vorstellung so grandios ineinander übergehen.

BOL DOINYO LENGAI

Für uns wohnen höchstens flüchtige Wolken auf dem Vulkan Oi Doinyo Lengai im Norden von Ta
die Masai aber ist er ein heiliger Gipfel, dessen Name übersetzt »Gottesberg« bedeutet.

va speit der Vulkan Boi Doinyo Lengai aus. Für die Menschen ist sie eine Qual, denn sie dringt in
klebt wochenlang an den Haaren und knirscht beim Essen zwischen den Zähnen.

Gott wohnt auf einem Pulverfass, jedenfalls der Gott der Masai. Denn in ihrem Glauben ist die Wohnstatt von Gott Engai der Vulkan Oi Doinyo Lengai im Norden Tansanias, einer der heißblütigsten und dazu seltsamsten Feuerberge der Erde. Er steht genau auf der Nahtstelle des Ostafrikanischen Grabenbruchs und bricht mit fast gespenstischer Regelmäßigkeit aus. Zuletzt schleuderte er

2010 monatelang Asche kilometerhoch in den Himmel und gab seinem eigenen Gipfel eine neue Gestalt. Für die Masai sind die Eruptionen göttliche Zornesausbrüche – Engai muss ein sehr jähzorniges Wesen haben. Die Zornesausbrüche sind indes von ganz anderer Art, als sonst bei Vulkanen üblich. Der Oi Doinyo Lengai ist der einzige Vulkan der Erde, der sogenannte Karbonatit-Lava ausspuckt. Sie ist extrem dünnflüssig, hat eine Konsistenz fast wie Wasser, wird nur 500 Grad heiß im Gegensatz zu den 1000 Grad herkömmlicher Lava, ist deswegen auch nicht rot glühend, sondern schwarz und erkaltet in Windeseile. Dann zerfällt sie binnen Tagen zu einem weißen Staub, den der Wind als feines Pulver in alle Himmelsrichtungen trägt und in jede Ritze dringt.

Wie der momentan 2960 Meter hohe Gipfel gerade aussieht, entscheidet immer die jeweilige Götter. Denn fast immer, wenn sie ihren Berg ausbrechen lassen, verändert er sein Gesicht.

ist dieser Berg, so oft bricht er grollend aus, dass an seinen Flanken so gut wie keine Vegetation
d niemand weiß, wann dieser cholerische Vulkan endlich zur Ruhe kommen wird.

NATRONSEE

Wie gepflastert mit feuerroten Platten: So sieht die Oberfläche des Natronsees während der Trock
Nur in der Regenzeit bricht sie auf, nur dann kann man dem Gewässer auf den Grund schauen.

Würde ein Mensch Wasser aus diesem See trinken, wäre es schnell um ihn geschehen. Denn es ist eine Giftbrühe, eine wahre chemische Lauge, extrem alkalisch, salzhaltig und für menschliche Wesen ungenießbar. Deswegen galt der Natronsee im Norden Tansanias lange Zeit als totes Gewässer. Was für ein Irrtum! Denn die besondere chemische Zusammensetzung des Wassers, das zum Teil aus unterirdischen Quellen stammt, bietet einer Vielzahl von Tieren ideale Lebensbedingungen – allen voran Algen, Kleinkrebsen und anderen Mikroorganismen, die wiederum einen reich gedeckten Tisch für Flamingos, Pelikane und Schwalben bedeuten – nur nicht für den Menschen.

unglaublich, dass man doch gerne einmal einen Astronauten fragen würde, ob die Geschichte
s der Natronsee sogar vom Weltraum aus als roter Fleck zu erkennen ist.

NATRONSEE

Der Natronsee im Norden Tansanias sieht aus, als habe es hier einen schlimmen Unfall in einem
gegeben. Doch dieses wundersame Rosenrot ist nichts anderes als eine Schöpfung der Natur.

Würde ein Mensch Wasser aus diesem See trinken, wäre es schnell um ihn geschehen. Denn es ist eine Giftbrühe, eine wahre chemische Lauge, extrem alkalisch, salzhaltig und für menschliche Wesen ungenießbar. Deswegen galt der Natronsee im Norden Tansanias lange Zeit als totes Gewässer. Was für ein Irrtum! Denn die besondere chemische Zusammensetzung des Wassers, das zum Teil aus unterirdischen Quellen stammt, bietet einer Vielzahl von Tieren ideale Lebensbedingungen – allen voran Algen, Kleinkrebsen und anderen Mikroorganismen, die wiederum einen reich gedeckten Tisch für Flamingos, Pelikane und Schwalben bedeuten – nur nicht für den Menschen.

nziger, nur wenige Millimeter großer Salinenkrebse und ebenso viele salzliebende Algen geben
dratkilometer großen und nur wenige Meter tiefen See seine fantastische Farbe.

Webervögel, Silberwangenhornvögel, Graukopfliest e, Diademmeerkatzen, Zimtflügelstare, Kr
und das sind längst nicht alle Tiere: Die Artenvielfalt im Manyara-Nationalpark ist legendär.

Nicht die berühmten Nationalparks Serengeti oder Arusha, sondern ein vergleichsweise kleines, unbekanntes Schutzgebiet kann einen der beeindruckendsten Weltrekorde des Tierreichs für sich beanspruchen: Nirgendwo sonst auf der Erde leben so viele Säugetiere auf so engem Raum wie am Lake Manyara-Nationalpark im Norden Tansanias. Gerade einmal 330 Quadratkilometer ist das

Wildreservat groß, von denen auch noch zwei Drittel vom Manyarasee bedeckt werden. Und trotzdem ist der Park eine wahre Schatztruhe der Schöpfung, prall gefüllt mit Savannen und Sümpfen, Wüstendatteln und Schirmakazien, Maulbeerfeigen und Hundszahngräsern – vor allem aber mit Säugetieren aller Art und Größe. Sechs Elefanten leben im statistischen Durchschnitt pro Quadratkilometer Fläche, das ist die höchste weltweit bekannte Elefantendichte. Und bei den Büffeln sind es sogar 18 Tiere, denen Zebras und Giraffen, Impalas, Paviane und Leoparden, Gnus und Flusspferde Gesellschaft leisten. Löwen allerdings sind hier selten geworden – ausgerechnet der König der Tiere trägt kaum etwas zum Weltrekord des Tierreichs bei.

esten aber sind die kletternden Löwen des Schutzgebiets. Tagsüber machen sie es sich am Schirmakazien gemütlich und überwachen von ihren Hochsitzen aus ihr Reich.

Wer vom Massenbetrieb in der Serengeti und dem Ngorongoro-Krater genug hat, ist in der Ein
wenig besuchten Mikumi-Nationalparks 280 Kilometer westlich von Daressalam genau richtig.

Mit Löwen spielt man nicht. Das sollte man dringend den Dompteuren im Zirkus überlassen. Wer es dennoch versucht, hat sehr schnell ein Problem – oder auch nie wieder eines. Legendär in ganz Afrika ist die Geschichte zweier japanischer Touristen auf Safari, die ein Rudel Löwen erblickten und ausstiegen, um sich gegenseitig mit ihnen zu fotografieren. Der erste Japaner stellte sich neben einen Löwen, der träge und scheinbar vollkommen desinteressiert unter einer Akazie lag. Der andere Japaner nestelte an seiner Kamera herum, und als er den Sucher auf seinen Gefährten richtete, hat dieser keinen Kopf mehr. Man sollte also gerade in Nationalparks wie Mikumi westlich von Daressalam aufpassen. Denn hier gibt es nicht nur einen bemerkenswerten Bestand an Löwen, sondern auch die Möglichkeit, auf eigene Faust statt mit Führer den Park zu erkunden. Das ist eine Rarität in den ostafrikanischen Schutzgebieten und ein befreiendes Gefühl, nach Lust und Laune und ganz ohne Gruppenzwang von den Uluguru- bis zu den Lumungo-Bergen zwischen Akazien und Affenbrotbäumen vagabundieren zu können – und die Löwen dabei aus sicherer Distanz zu betrachten.

nicht nur Großwild zu sehen wie Elefanten und Wasserbüffel, sondern auch fast 400 verschie-
rten. Und in der Regenzeit leisten ihnen ihre europäischen Wandercousins Gesellschaft.

Kein Wildschutzgebiet in Afrika ist größer, und nirgendwo gibt es mehr Wildtiere als im 50 000
meter großen Selous im Süden Tansanias. Der Mensch aber hat hier nichts verloren.

Das ist das Land des Schreckens und der Finsternis, wenn auch nur für die Menschen, für die diese riesenhafte Wildnis zu hart, zu grausam, zu lebensfeindlich ist, um auch nur an ein Überleben zu denken. Als sich der britische Afrikaforscher Richard Francis Burton 1858 von der tansanischen Küste zum Victoriasee vorkämpfte, notierte er entsetzt, wie entvölkert selbst für Afrika diese Ödnis sei. Und das Schicksal sollte den Menschen auch danach keinen Gefallen tun. Die wenigen, die hier lebten, wurden von arabischen Händlern verschleppt und versklavt. Während des blutigen Maji-Maji-Aufstands gegen die deutschen Kolonialherren wurden die Letzten, die geblieben waren, niedergemetzelt.

tenen Tieren wie den Mantelaffen gewährt Selous Unterschlupf. Seinen Namen hat dieser
e von seinem auffälligen schwarz-weißen Fell, das aussieht, als trage er einen Mantel.

Und die allerletzten Überlebenden evakuierte man nach dem Zweiten Weltkrieg, weil die Tsetsefliege so fürchterlich wütete wie ein biblischer Fluch und mit der Schlafkrankheit ein Leichentuch der Totenstille über das Land warf. So ist das Selous-Wildreservat im Süden Tansanias heute nicht nur das größte Schutzgebiet Afrikas mit der Fläche von Niedersachsen, sondern auch das menschenleerste. Den Millionen Tieren aber, die hier leben, kommt das sehr gelegen. Darunter sind die größten Elefantenherden des Kontinents und die letzten Afrikanischen Wildhunde, mehr als 100 000 Kaffernbüffel und fast 50 000 Streifengnus. Und selbst die Löwen zählt man nach Tausenden.

SÜDLICHES AFRIKA

Wollte man das südliche Afrika mit einem einzigen Wort charakterisieren, so käme nur eines infrage: Vielfalt. Der Fantasiereichtum, mit dem sich die Natur hier ausgetobt hat, ist ebenso grandios wie unglaublich. Ganz im Westen, an der Skelettküste in Namibia, hat sie ein Totenreich aus glutrot leuchtendem Sand von berückender Schönheit geschaffen. Im Süden, am Kap der Guten Hoffnung, gönnt sie sich das überwältigendste Ende der Welt. Im Osten, im Krüger-Nationalpark, hat sie sich eine farbenprächtige Arche Noah mit Millionen von Tieren gezimmert. Und alles, was dazwischen liegt, bereichert komplementär.

LIWONDE NP

Fast überall in Afrika findet man das Nilkrokodil, das die alten Ägypter in Gestalt ihres krok
Gottes Sobek verehrten – auch im Liwonde-Nationalpark, dem größten Naturschatz Malawis.

Malawi ist ein kleines, armes Land, das immer im Schatten seiner Nachbarn steht. Schlagzeilen macht dieser weiße Fleck auf der Landkarte des Schwarzen Kontinents so gut wie nie, und bekannt ist bestenfalls der Malawisee, das drittgrößte Binnengewässer Afrikas. Das hat den Nachteil, dass sich kaum ein Tourist nach Malawi verirrt, und den Vorteil, dass die wenigen, die es doch tun, ei-

nen wunderbar unverfälschten afrikanischen Alltag erleben können. Und sie müssen dabei nicht einmal auf all die Wunder von Afrikas Natur verzichten, die so viele Menschen von diesem Kontinent träumen lassen. Denn am Südufer des Malawisees liegt der 600 Quadratkilometer große Liwonde-Nationalpark, das wichtigste Naturreservat des Landes, eine Wunderkammer voller Krokodile, Leoparden, Flusspferde und Warzenschweine, Rappenantilopen und Spitzmaulnashörnern, Zebras und mehr als 300 Vogelarten, die das Herz jedes Hobbyornithologen höherschlagen lassen. Ein Vogelbeobachter soll einmal während eines zweitägigen Aufenthalts sagenhafte 266 Arten gesichtet haben – ein Rekord, von dem man bis heute mit Raunen und Staunen in Liwonde spricht.

n sie eine Party im Shire River, dem wichtigsten Fluss des Liwonde-Parks: So übermütig wirken
spferde, die man vor allem in der Trockenzeit leicht am Ufer beobachten kann.

NYIKA-PLATEAU

Ein wenig wie Schottland sieht das Nyika-Plateau im Nordwesten Malawis aus, eine karge Welt
fen und Torfmooren, die sich bisher noch gegen jede menschliche Besiedlung erfolgreich gewehr

Selbst im südlichen Afrika, einer der wildesten Gegenden der Welt, gibt es Flecken, die noch viel wilder sind als alle übrigen Regionen dort – so unwirtlich und lebensfeindlich, dass sie nie von Menschen bevölkert wurden, noch nicht einmal von den Unerschrockensten unter ihnen. Dieses Hochland ist ein solcher Flecken, der bisher noch alle menschlichen Wesen abgeschreckt hat: das

Nyika-Plateau in Malawi, das auf einer Höhe von 2100 bis 2500 Metern liegt und bis Mitte des 20. Jahrhunderts vollkommen unerforscht war. Erst 1949 schickten die Briten eine Expedition nach Nyika, die mit deprimierenden Erkenntnissen zurückkam. Sie fand eine Einöde vor, in der es bitterkalt und an Ackerbau und Viehzucht nicht zu denken war, die von nassen Senken und endlosen Torfflächen bedeckt wurde und ständig unter einem dicken Nebelteppich wie unter einem Leichentuch lag. Immerhin entspringen hier vier wichtige Flüsse, ohne die der Norden Malawis kaum überleben könnte. Und dann fand man, völlig überraschend, rätselhafte Felszeichnungen, menschliche Spuren in einer menschenfeindlichen Welt, die man sich bis heute nicht erklären kann.

nd zu erlaubt sie sich auch idyllische Momente mit verwunschenen Tälern und gurgelnden en. Wer sich hierher verirrt, hat die spröde Schönheit von Nyika ganz für sich allein.

Auch schwere Landtiere wie Büffel finden in den Bangweulu-Sümpfen ihren Lebensraum. Wenn
regen das Land geflutet wird, müssen sie sich aber sputen, um ein trockenes Plätzchen zu finde

Es ist der Ort, an dem das Wasser den Himmel trifft. So nennen die Menschen auf dem Hochplateau im Norden Sambias ihre Heimat. Sie könnten es nicht besser sagen. Denn sie ist ein endloses Sumpfland rund um den Bangweulu-See, gewaltige 250 Kilometer lang und 180 Kilometer breit, eine amphibische Welt aus Wasser und Erde. Während der Regenzeit im Winter steigt der Wasserspiegel um zwei Meter. Dann stehen weite Teile des Gebiets unter Wasser und machen aus der Savanne ein Meer. Aber stets ragen wieder große Plateaus aus dem Wasser heraus, auf denen sich die Menschen niedergelassen haben und sogar Landwirtschaft betreiben können. Den berühmten Missionar und Afrikaforscher David Livingstone, der im Herzen der Finsternis verschollen ging und von Henry Morton Stanley so spektakulär wiedergefunden wurde, erinnerten diese Anhöhen an die Burgen der Ameisen. Deswegen nannte er die Sümpfe »ein Land aus Wasser und Ameisenhügeln« – was aber nur als sehr profane Beschreibung gedeutet werden kann, die dem Zauber dieser Wasserwunderwelt, in der es nur Boote und keine Straßen gibt, keinesfalls gerecht wird.

s blau-grünes Landschaftsgemälde, geschaffen von Sambias Flüssen. Wenn sie in der Regen-
Ufer treten, gewinnt für einige Wochen das Blau die Oberhand über das Grün.

Er sieht seinem Namen gar nicht ähnlich: Der Nimmersatt ist ein schlanker Vogel aus de Störche, der seinen Schnabel regungslos ins flache Wasser hält und dann auf Beute lauert.

Manchmal sieht man in den Restaurants rund um den Mana-Pools-Nationalpark im Westen Simbabwes noch Werbeschilder für Krokodilfleisch, auf denen steht: »Eat them, before they eat you« – »Iss sie, bevor sie dich fressen«. In diesem bösen Scherzwort steckt ein bitterer Kern Wahrheit. Denn früher waren die Krokodile in Mana Pools, das der Sambesi während jeder Regenzeit in eine Seenlandschaft verwandelt, eine biblische Plage – für die Menschen, aber noch mehr für deren Vieh. Bis heute wird die Geschichte eines Großbauern erzählt, der in einem einzigen Jahr 180 Rinder durch Krokodile verlor. Dabei reißen die Riesenreptilien ihre Opfer nicht in Stücke, wie so oft geglaubt wird, sondern ertränken sie und lassen sie tagelang im Wasser treiben. Erst dann ist die Haut so weich, dass die Krokodile Stücke aus den Leibern herausbeißen können. Inzwischen haben auch die Fischer am Sambesi den Nutzen der Krokodile erkannt. Da sie Raubfische wie Welse jagen, die es ihrerseits auf Nutzfische abgesehen haben, sind sie Verbündete der Fischer. Und da die Nutzfische die Larven der Malariamücken fressen, sind Krokodile sogar eine Art Gesundheitspolizei.

t in der Sprache der Shona »vier«, weil es hier in der Trockenzeit vier Seen gibt. In der Regen-
aus dem Land ein Süßwassermeer – ein Paradies nicht nur für Flusspferde.

Manches Großwild hat sich aber bedenklich breitgemacht, Elefanten zum Beispiel, die e
Appetit haben, weil sie miserabel verdauen – und somit die Pflanzenwelt nachhaltig veränder

Naturschutz kann auch außer Kontrolle geraten, bei Elefanten zum Beispiel. Als noch König Mzilikazi in Hwange jagte, gab es nur wenige Tausend dieser Tiere. Als das Gebiet 1930 von der britischen Kolonialverwaltung zum Nationalpark erklärt wurde, waren es dort wahrscheinlich schon 4000 Elefanten. Dann bohrte man Dutzende von Wasserlöchern, damit die Dickhäuter nicht verdursteten – und der Bestand stieg bis 1985 auf etwa 12 000 Exemplare. Heute sollen fast 40 000 Elefanten in dem Nationalpark leben, die damit so dominant geworden sind, dass sie die Pflanzenwelt und dadurch die gesamte ökologische Balance von Hwange verändern. Aber sie können ja nichts dafür.

Schutzgebiet Simbabwes, dem 15 000 Quadratkilometer großen Hwange-Nationalpark im Landes, ist Platz für Abertausende Tiere, von Wüstenwarzenschweinen bis zu Giraffen.

An der Grenze von Sambia und Simbabwe trumpft der Sambesi, der viertlängste Strom Afrika auf: Er stürzt als breitester Wasserfall der Erde mehr als 100 Meter tosend in die Tiefe.

Selbst der schottische Missionar David Livingstone, wahrlich kein Mann von überschäumendem Temperament, konnte nicht anders, als bei diesem Anblick ins Schwärmen zu geraten. Im November 1855 gelangte er auf seiner Reise ins tiefste Innere Afrikas als erster Europäer überhaupt zu den gewaltigsten Wasserfällen des Schwarzen Kontinents. Es sei ein Bild, »wie es nur Engel im Fluge erleben«, notierte er überwältigt und taufte dieses Naturschauspiel dann doch irdisch auf den Namen seiner Königin Victoria. »Die Fälle sind ganz einzigartig. Der ganze Fluss verschwindet einfach in einem Spalt in der Erde«, schrieb Livingstone. Und sie tun das während der Regenzeit mit einem unvorstellbaren Getöse und Geschäume. Auf einer Breite von annähernd zwei Kilometern stürzt der Sambesi 110 Meter in die Tiefe und versprüht dabei einen Nebel aus Wasser, der 300 Meter hoch aufsteigt und noch in 30 Kilometer Entfernung zu sehen ist. Das ist der größte Wasservorhang, den es auf Erden gibt – freilich nur bei Hochwasser. In dürren Jahren sind die Victoria-Fälle nur ein friedliches, summendes Bächlein und für manchen Afrikareisenden die Enttäuschung seines Lebens.

r David Livingstone gab den Wasserfällen den Namen seiner Königin Victoria. Die Kololo, die
nnen sie hingegen aus gutem Grund »Mosi o Tunya« – der Rauch, der donnert.

Eine Insel, die gar keine ist: Kubu Island erhebt sich wie ein mystisches Ausrufungszeichen
brettflachen Ebene des botswanischen Wildreservats Makgadikgadi-Pan am Rand der Kalaha

Vor 10 000 Jahren muss es hier ausgesehen haben, wie die Bibel die Welt nach der Sintflut beschreibt: nichts als Wasser, das alles Leben unter sich begrub, nichts als Stille und Schweigen. Der größte See, den es jemals in Afrika gegeben hat, bedeckte damals den Nordwesten Botswanas, ein riesenhaftes Binnenmeer von der Größe Portugals. Dann brannte die Sonne gnadenlos das Wasser weg, und übrig blieben irgendwann nur noch die größten Salzpfannen des Planeten. Diese bilden eine einzigartig bizarre, lebensfeindliche Landschaft, so lebensfeindlich, dass dieses Gebiet niemals von Menschen besiedelt war. Nur an die Ränder trauten sich besonders wagemutige Hirten heran. Doch manche Tiere halten es hier aus und finden ihr Überleben rund um die wenigen Wasserlöcher dieser Region – Zebras, Gnus, Flamingos, Antilopen, Springböcke. Und inmitten dieser flachen, apokalyptischen Welt erhebt sich plötzlich ein Berg, ein Hügel eher, der mit Baobab-Bäumen bestanden ist und aus rötlich braunem Granit besteht. Kubu Island heißt diese Erhebung, als sei es eine Insel in einem Meer. Und welcher Gedanke liegt näher, als dass Noah mit seiner Arche hier einst strandete.

dieser Welt ist so lebensfeindlich, als dass es nicht Tiere gäbe, die es dort trotzdem aushielten:
nuherden in den Salzpfannen von Makgadikgadi im Nordwesten Botswanas.

Für die Ureinwohner Botswanas ist Kudu Island ein heiliger Ort, ein Sitz der Götter oder auch d
– und man weiß sofort, warum, wenn man die geisterhaften Bäume auf dieser Felseninsel sieht

n Zebras versammeln sich auf dem Höhepunkt der Trockenzeit an den letzten Wasserlöchern von
di, um ihre Wanderschaft zu den fruchtbaren Savannen des Buteti River zu beginnen.

MOREMI GAME RESERVE

Wunschtraum oder Wirklichkeit? Das Moremi-Schutzgebiet im Okavango-Delta, dem größten der Erde, ist so überwältigend schön, dass man es fast für eine Fototapete halten will.

Am Tag ist die Wildnis Afrikas betörend schön, schöner sogar als jede Vorstellung, die man sich von Afrika macht: Wenn Giraffen vor Schirmakazien mit wiegendem Schritt durch die Savanne schreiten oder sich Löwen träge und zufrieden gegenseitig das Fell kraulen, dann möchte man fast weinen vor Glück. Selbst wenn man Zeuge eines »kills« wird, wenn also Raubtiere Beute machen und sie auf der Stelle gierig verschlingen, stört das nicht wirklich das Bild eines fantastischen Naturidylls – so wie im Moremi-Wildreservat im Osten des Okavango-Deltas, das unter Kennern als eines der grandiosesten Naturschutzgebiete Afrikas mit einem geradezu unfassbaren Tierreichtum gilt.

r Savanne: Wasserböcke, Afrikanische Büffel und Leoparden gehören zu den Hauptdarstellern
Vildreservat im Nordwesten Botswanas, das ein riesiger Open-Air-Zoo ist.

Doch wenn es Nacht wird, ändert sich alles schlagartig. Dann begreift der Mensch schaudernd, dass er nicht für die Dunkelheit gemacht ist, und flüchtet sich heilfroh in die Safaricamps. Nichts sieht man mehr, doch umso mehr hört man: ein Zirpen, ein Grunzen, ein Rascheln, ein Zischen, dann ein Keuchen, ein Flehen und gleich danach Todesschreie und krachende Knochen und blutrünstiges Fletschen. Nur ahnen kann man, welche Dramen sich in der Finsternis abspielen und wie brüchig die Sicherheit ist, in der man sich hinter dünnen Zeltwänden wiegt. Der Sonnenaufgang aber versöhnt wieder mit allem, weil er uns Menschen die Illusion der Sicherheit zurückgibt.

Noch im 6. Jahrhundert lebten Elefanten in ganz Afrika – vom Kap bis zur Mittelmeerküste. Des
te Karthagos Feldherr Hannibal mit den Furcht einflößenden Tieren Rom angreifen.

Sind Elefanten am Ende ihres Lebens so wie Menschen? Wollen sie, wenn ihre Zeit gekommen ist, an einem besonderen Ort begraben sein? Gibt es also tatsächlich Elefantenfriedhöfe? Immer wieder haben Afrikareisende von seltsamen Funden berichtet, die das zu bestätigen scheinen, auch am Chobe-Fluss, der dem größten Nationalpark Botswanas seinen Namen gibt: Sie stießen

an bestimmten Stellen auf eine große Zahl von Elefantenknochen, die unmöglich per Zufall dort hingelangt sein konnten. So entstand der Glaube an die mysteriösen Friedhöfe der Dickhäuter, den die Wissenschaft allerdings längst widerlegt hat: Die Tiere verbringen bis zu 20 Stunden am Tag mit Fressen. Dabei nutzen sich ihre Zähne stark ab, die sich deswegen im Laufe ihres Lebens

wo in Afrika gibt es noch so viele Elefanten wie im Chobe-Nationalpark. Mehr als 100 000 Tiere ährend der Regenzeit durch die endlose, fast baumlose Buschsavanne ziehen.

sechsmal erneuern. Sind aber auch die letzten Zähne nicht mehr zu gebrauchen, ziehen die sehr alten Elefanten in die Nähe von Flüssen, an deren Ufern besonders weiches Gras wächst. Das können sie auch ohne Zähne noch einigermaßen kauen. Und da diese Ufer die letzten Aufenthaltsorte ihres Lebens sind, findet man dort besonders viele Knochen. Es wäre auch zu schön, wenn Elefanten etwas

Menschliches hätten. Stattdessen sind sie – eine Paradoxie des erfolgreichen Naturschutzes im südlichen Afrika – inzwischen eine Gefahr für Mensch und Natur geworden. Sie haben sich so stark vermehrt, dass Nationalparks wie Chobe die riesigen Herden kaum mehr verkraften können und unter den enormen Flurschäden leiden, die die Elefanten anrichten.

CHOBE NP

Seit 1975 leben keine Menschen mehr im 10 000 Quadratkilometer großen Chobe-Nationalpark umso mehr Tiere wie Wildhunde, Leoparden, Nilpferde, Pukus, Büffel und Bienenfresser.

So berühmt der 1967 als erstes Schutzgebiet in Botswana eingerichtete Chobe-Nationalpark auch für seine Elefantenherden ist, so viele andere Wildtiere bevölkern diese endlose Savannenlandschaft. Zu Tausenden leben hier Kaffernbüffel und Fleckenhyänen, Geparde und Wildhunde, Steppenzebras und Giraffen, Warzenschweine und Buschschweine und Kuhantilopen, Leoparden und Löwen – die einzigen Tiere, die den Elefanten gefährlich werden können. Denn sie machen gezielt Jagd auf Jungtiere, die noch nicht genug Erfahrung haben, sich gegen den König der Savanne zu wehren. Vor den ausgewachsenen Elefanten aber haben selbst die Löwen allergrößten Respekt.

flößender Anblick: Wie gefährlich es ist, einem Nilkrokodil zu nahe zu kommen, erleben jedes
Menschen auf tragische Weise. Für sie endet die Begegnung tödlich.

Eine wundersame Verwandlung der Natur: In jeder Regenzeit schwillt der Okavango so gewalt im nordwestlichen Botswana ein 20 000 Quadratkilometer großes Gebiet überflutet.

Es ist eines der unglaublichsten, ungeheuerlichsten Naturschauspiele der Erde, wenn sich der Okavango mit der beginnenden Regenzeit immer weiter aufbläht, wie bei der Sintflut über die Ufer tritt und binnen weniger Wochen ein 20 000 Quadratkilometer großes Gebiet unter Wasser setzt. Aus Bächen werden Ströme, aus Hügeln Inseln, alles Land verwandelt sich in Meer. So entsteht wie aus

dem Nichts ein gewaltiges Binnendelta lange vor der Mündung des Stromes. Und nach sechs Monaten verwandelt sich die Wasserlandschaft wie von Zauberhand zurück in das Land, das es davor gewesen war. Doch nicht nur Pflanzen gedeihen während dieser natürlichen Flutung, das Wasser zieht auch Abertausende von Tieren an, von Nilkrokodilen bis zu Wasserbüffeln, von Elefanten bis zu Hyänen und von Gnus bis zu Flusspferden, vor denen man sich höllisch in Acht nehmen sollte. Denn diese rundlichen Tiere sehen zwar so gemütlich aus, als könnten sie keiner Fliege etwas zuleide tun. Doch sie sind extrem reizbar, überaus aggressiv, dazu wieselflink und deswegen für den Menschen mindestens so gefährlich wie die allgemein so gefürchteten Löwen.

hher: Was eben noch staubtrockene Savanne war mit ein paar bescheidenen Flussarmen, wird
einem Meer mitten im Land, aus dem nur noch eine Handvoll grüne Inseln herausragen.

Immer auf der Suche nach Wasser: In der Trockenzeit machen sich gigantische Büffelherden
getrockneten Regionen Botswanas und seiner Nachbarländer auf ins rettende Okawango-De

r Leben bedeutet, zieht das Binnendelta buchstäblich alle Tierarten des südlichen Afrika an – Moorantilopen, Flusspferde, Elefanten, Giraffen, Löwen und noch viele mehr.

Hätte Noah höchstpersönlich all die Tiere für seine Arche zusammensuchen müssen, wäre er zumindest mit Afrika schnell fertig gewesen. Er hätte nur ins Okawango-Delta kommen und dort einsammeln müssen, was ihm vor die Füße gelaufen wäre. Denn hier leben auf einem Fleck fast alle Tierarten, die in Afrika vorkommen, von den obligatorischen »Big Five« Elefant, Löwe, Büffel, Leopard und Nashorn, bis zu solch ausgefallenen Wesen wie Sattelrückenstorche oder Hammerköpfe, von braven Tieren wie den freundlichen Zebras bis zu den cholerischen Flusspferden, den am schlechtesten gelaunten Vertretern der Tierwelt. Auf Noahs Arche war aber selbst für sie ein Plätzchen frei.

Zwergblatthühnchen auf Wasserlilien: Ein solches Idyll sieht man in den Linyanti-Sümpfen in pausenlos. Doch genauso oft stößt man auf Großwild, für das dieses Schutzgebiet berühmt ist.

Tiere lernen schnell, auch die wilden Tiere Afrikas. Solange Botswana ein Dorado der Großwildjäger war, wussten sie, dass sie vor den Menschen auf der Hut sein mussten. Seit Botswana aber erkannt hat, dass das Schießen von Safarifotos weitaus sinnvoller und lukrativer ist als das Abschießen von Löwe und Leopard, sind die Wildtiere in dem Land viel entspannter. Am eindrucksvollsten

kann man das in den Linyanti-Sümpfen erleben, die unter Kennern als eines der schönsten, tierreichsten, aber auch unbekanntesten Naturreservate des südlichen Afrika gilt. Allein ein Drittel des weltweiten Bestands an Wildhunden lebt hier. Früher waren sie in 39 afrikanischen Ländern verbreitet. Jetzt gibt es sie nur noch in vier Staaten. Und am sichersten sind sie in Linyanti.

n Sümpfen, die der Kwando River nährt, wimmelt es von Insekten. Diese wiederum ziehen
nde von Vögeln an, darunter Bienenfresser, die hier wie Hühner auf der Stange hocken.

Ohne eine gute Tarnung gibt es in der Wildnis kein Überleben: Krokodile sind Meister der Ca
verschmelzen fast mit dem Kwando River, in dem sie unerkannt auf ihre Opfer lauern.

Flüsse sind nicht nur Quellen des Lebens. Sie sind oft auch tödliche Fallen. Ohne den Kwando River, der im Hochland von Angola entspringt und 1500 Kilometer später im Vierländereck von Botswana, Namibia, Simbabwe und Sambia in den Sambesi mündet, wären große Teile des südwestlichen Afrika staubtrockenes Ödland. So aber zieht der Kwando ein Lebensband aus Papyruswäldern, Sümpfen und Lagunen voller Seerosen durch die Landschaft, das zahllose Tiere von Elefanten bis zu Kolibris anzieht. Und im Fluss selbst lauern zu Hunderten Krokodile und die wegen ihrer Aggressivität berüchtigten Flusspferde auf die Beute, die ihnen der Kwando River serviert.

man, welchen Ursprung das geflügelte Wort vom bunten Vogel hat: Mehr als 400 prachtvoll
gelarten leben am Kwando River, von Bronzesultanshühnern bis zu Eisvögeln.

EPUPA FALLS

Noch ist alles still, noch fließt der Kunene River ruhig und gelassen durch das Grenzgebiet vo
Namibia. Doch bald schon wird er sich mit donnernder Gewalt in die Tiefe stürzen.

Es ist nie schön, im Schatten von etwas Größerem, Imposanterem, Berühmterem zu stehen und so die ganze Ungerechtigkeit des Schicksals erfahren zu müssen. Alle Wasserfälle Afrikas teilen dieses Los – bis auf einen, in dessen Schatten sie ihr Dasein fristen: den grandiosen Victoria Falls des Sambesi. Wie ungerecht das ist, begreift man sofort, wenn man die Epupa Falls im Grenzland von Angola und Namibia sieht. Hier stürzt der Kunene River, der aus dem angolanischen Hochland kommt und sich dort mit Zuflüssen vollsaugt, so dramatisch wie halsberecherisch rund 40 Meter in die Tiefe. Die 110 Meter der Victoria Falls sind allerdings immer noch eine andere Liga.

EPUPA FALLS

Vasser« heißt Epupa in der Sprache der Herero-Hirten – eine fast verharmlosende Bezeichnung
sserfälle, die während der Regenzeit zu einem rauschenden Naturschauspiel werden.

So trocken ist das Kaokoland im Nordwesten Namibias, dass an Ackerbau nicht einmal zu de
halbnomadische Hirtenvölker wie die Himba kommen mit diesen widrigen Bedingungen zurech

Eigentlich sind diese Tiere denkbar ungeeignet für ein Leben in der Wüste. Sie sind groß und schwer, brauchen Unmengen an Nahrung und Wasser, können die heißesten Stunden des Tages nicht reglos im Sand verharren, sondern müssen ständig in Bewegung sein. Doch die Wüstenelefanten haben sich im Laufe der Evolution zu wahren Überlebenskünstlern im Kaokoland entwickelt. Sie müssen nur noch alle drei, vier Tage trinken, können auf der Suche nach Wasser bis zu 100 Kilometer am Tag zurücklegen, klettern dabei sogar über Felsen und finden ihre Wasserlöcher mit traumwandlerischer Sicherheit wieder – einem Menschen würde all das nie gelingen.

als die Menschen tun sich die Tiere wie dieser Waran, der mit wenigen Tropfen Wasser
nd noch erstaunlicher sind die Überlebensstrategien der Wüstenelefanten von Kaokoland.

Wenn sich am Abend der Himmel über dem Damaraland in sein intensivstes Blau hüllt und di
Horizont mit einer Bordüre aus Orange schmückt, könnte man glauben, dies sei eine gesegnet

Im Jahr 1917 gelangte der Afrikaforscher Reinhard Maack in eine der unzugänglichsten Gegenden des damaligen Kolonialgebietes Deutsch-Südwestafrika und stieß in einer Höhle am Brandberg auf mysteriöse, prähistorische Felszeichnungen. Am rätselhaftesten war ein Steingemälde, das den Namen »Die weiße Frau« bekommen sollte. Die Gestalt ist etwa 40 Zentimeter groß, trägt in der einen Hand eine Art Kelch, in der anderen Pfeil und Bogen – und sie hat eine blütenweiße Haut. Diese seltsame Frau nährte wilde Spekulationen, von denen noch die harmloseste die Vermutung ist, dass Europäer vielleicht schon vor Jahrtausenden ihren Weg nach Afrika gefunden haben könnten.

asein in dieser namibischen Halbwüste, das die deutschen Kolonialherren nach dem hier leben-
r Damara benannten, ist hart und entbehrungsreich und nichts als ewiger Kampf.

Geklärt ist das Rätsel der »Weißen Frau« vom Brandberg bis heute nicht, der seinen ungewöhnlichen Namen einem überwältigenden Naturschauspiel verdankt: In der Abenddämmerung scheinen die letzten Sonnenstrahlen den fast 3000 Meter hohen Berg in Brand zu setzen und rot lodern zu lassen. Der glühende Gipfel überragt als Namibias höchste Erhebung ein wüstes Land voller offener Steppen und tiefer Schluchten, in denen Wüstenelefanten, Nashörner, Giraffen und viele andere Tiere der Hitze und Trockenheit trotzen – genauso wie das Volk der Damara, das diesem Land seinen Namen gegeben hat und vielleicht als einziges das Geheimnis der »Weißen Frau« lüften könnte.

Das Matterhorn Namibias: So wird die 1728 Meter hohe Spitzkoppe wegen ihrer markante
genannt. Dabei ist sie noch nicht einmal halb so hoch wie das berühmte Original in der Schwei

Es gibt auf dieser Erde den perfekten Berg, einen Gipfel, der so schön, so prägnant, so unverwechselbar ist, dass ihn selbst der begnadetste Bildhauer der Schöpfung nicht verbessern könnte. Dieser perfekte Berg ist das Matterhorn in den Walliser Alpen. Und da Schönheit nicht nur Bewunderer, sondern immer auch Nachahmer findet, existieren in aller Welt wahrscheinlich Hunderte von Bergen, die sich mit dem Ehrentitel »Matterhorn« schmücken. In Namibia ist es die 1728 Meter hohe Spitzkoppe, 120 Kilometer östlich von Swakopmund. Sie wurde vor 100 Millionen Jahren von Vulkanen geschaffen und bekam durch Verwitterung des umliegenden Gesteins ihr prägnantes Aussehen.

ber die Spitzkoppe in der Abenddämmerung ihr leuchtend rotes Festtagskleid anzieht und der
ine majestätische Aura verleiht, muss sie sich vor keinem Vorbild verstecken.

Nur der harte Granit der Spitzkoppe widerstand der Erosion. Und so ist der Berg heute schon von Weitem inmitten der endlosen Ebenen zu sehen, die gespickt sind mit kostbaren Rosenquarzen und Turmalinen und schütter bewachsen mit Butterbäumen und Balsambäumen, Stinkbüschen und Wüstenkohlrabi, Weißstämmen und dem berüchtigten »Giftboom«. Der weiße Saft dieses Wolfsmilchgewächses ist so giftig, dass die Buschmänner ihre Pfeile mit ihm einrieben, bevor sie auf Jagd gingen. Auf die Idee, die Spitzkoppe zu besteigen, sind sie vermutlich nie gekommen. Dazu mussten erst Europäer hier auftauchen, die 1946 zum ersten Mal auf dem Gipfel standen.

Das Wasser ist weg, und zurück bleiben schwarz-silbern schimmernde Platten aufgerissene
Jahr verwandelt sich der Etoscha-Nationalpark von einem flachen See in eine grausige Wüste.

Man kann nicht gerade behaupten, dass sich die kaiserliche Kolonialverwaltung in Deutsch-Südwestafrika mit Ruhm bedeckt habe. Eines aber muss man ihr lassen: Sie hat wahrscheinlich einen der größten Naturschätze im Südwesten Afrikas vor dem Ruin bewahrt, indem sie 1907 die Region rund um die Etoscha-Pfanne zum damals größten Naturschutzgebiet der Erde deklarierte.

100 000 Quadratkilometer umfasste das Reservat, dessen Wildbestand von Jägern und Wilderern fast vollständig vernichtet worden war. Elefanten gab es zu jener Zeit schon lange keine mehr, und die riesigen Antilopenherden waren bis auf ein paar kümmerliche Reste zusammengeschrumpft. Obwohl das Schutzgebiet im Laufe der Zeit wegen des Landhungers der Bevölkerung immer wieder verkleinert wurde und der Etoscha-Nationalpark heute nur noch rund 22 000 Quadratkilometer groß ist, kann man ihm dennoch eine spektakuläre Erfolgsgeschichte zuschreiben. Unter anderem durch das Bohren künstlicher Wasserlöcher sind die Elefanten zurückgekommen und vermehren sich so rasant, dass man ihre Population schon wieder begrenzen muss.

erstirbt das Leben dann nicht in Namibias wichtigstem Naturschutzgebiet, ganz im Gegenteil.
-Pfanne findet man so gut wie alle Wildtiere Afrikas bis hin zu den »Big Five«.

»Großer weißer Platz« heißt Etoscha in der Sprache der Ureinwohner Namibias. So gleißend, so dieses Weiß, dass manchmal selbst die genügsamen Giraffen vor ihm zu fliehen scheinen.

Es gibt keinen anderen Ort im südlichen Afrika, an dem man leichter Opfer einer Fata Morgana werden kann als im Etoscha-Nationalpark, dem bedeutendsten Naturschutzgebiet Namibias. Es ist so groß wie die Schweiz und beherbergt in seinem Herzen eines der unglaublichsten Naturwunder der Erde: eine gigantische Pfanne, die vor unendlich langer Zeit einmal ein See so groß wie ein Meer war und sich heute in der Regenzeit knöcheltief mit Wasser füllt – ganz so, als werde die Etoscha-Pfanne wehmütig und wünsche sich in die Urzeit zurück, als sie noch ein See war. Doch schnell verdunstet der Traum vom Wasser wieder in der sengenden Sonne, und die Tiere drängen sich an den wenigen verbliebenen Wasserstellen. Das kann für sie lebensgefährlich werden, denn dann breiten sich Seuchen wie Tollwut und Milzbrand rasend schnell aus. In den schlimmsten Jahren raffen diese Krankheiten Zehntausende von Tieren dahin. Und trotzdem bleibt Etoscha eine Arche Noah Afrikas, eine Welt voller Elefanten und Oryxantilopen, Kudus und Zebras, Nashörner und Leoparden. So viele sind es, dass man sie manchmal für eine Fata Morgana halten könnte.

lle Vertreter des afrikanischen Großwilds von Giraffen über Elefanten bis zu Straußen und
n im Etoscha-Nationalpark. Deswegen besuchen ihn jedes Jahr 200 000 Menschen.

SKELETON COAST

Die Wüste küsst das Meer, doch es ist ein Todeskuss: Einen lebensfeindlicheren Ort als die S
Namibia gibt es kaum irgendwo. Und Zeugnisse des Todes findet man hier zuhauf.

Skelettküste – allein bei diesem Namen erschaudert man, und man tut es zu Recht. Denn einen entsetzlicheren und zugleich faszinierenderen Ort wird man in Afrika kaum finden. Zwei Elemente stoßen hier in ihrer grausamsten Form aufeinander: das tückische Wasser des Südatlantiks, vom Benguelastrom auf antarktische Temperaturen heruntergekühlt, und die Lebensfeindlichkeit der Namib-Wüste, die jede menschliche Existenz zunichtemacht. Der Benguelastrom sorgt dafür, dass die Wassertemperaturen hier selten über 15 Grad steigen. Und mit den heißen Wüstenwinden vermählt er sich zu einem Nebel, der schon das Schicksal zahlloser Seefahrer besiegelt hat.

…tküste vor 1,5 Milliarden Jahren als eine der ältesten Landschaften des Planeten entstand, war
…n wüst und leer. Und hier, fast nur hier, ist sie es heute immer noch.

Der Ozean vor der Skelettküste ist keine Wüstenei, sondern eine der fischreichsten Region
meere. Das wiederum zieht massenhaft Robben an, die in Kolonien von bis zu 100 000 Tieren l

Der Name Skelettküste ist keine poetische Umschreibung, sondern die exakte Beschreibung der Realität. In den mörderischen Strömungen dieser fast immer in Nebel gehüllten Küste sind zahllose Schiffe auf Grund gelaufen. Und auch vielen Walen werden sie regelmäßig zum Verhängnis. Die Trümmer und Knochen werden an Land gespült und verrotten dort als stumme Mahnmale der

Vergänglichkeit allen Lebens. Man will sich gar nicht vorstellen, wie sich Schiffbrüchigengefühlt haben müssen, die hier mit letzter Not die Küste erreichten, sich gerettet wähnten und dann feststellen mussten, dass es hier absolut kein Überleben gab. Schon die portugiesischen Entdecker des 16. Jahrhunderts segelten mit Schaudern an der Küste vorbei und dankten der Jungfrau Maria mit Stoßgebeten, wenn sie diese Hölle auf Erden hinter sich gelassen hatten. Und doch gibt es an der Skelettküste Leben im Überfluss. Denn das Meer ist so reich an Fischen, dass Hunderttausende von Robben angelockt werden, während an Land Hyänen, Schakale und sogar Nashörner in den Dünen überleben, die im Wind ein gespenstisch röhrendes Geräusch erzeugen.

chiger ist eigentlich froh, wenn er Land erreicht. War sein Schicksal aber die Skelettküste, war
sicher. Denn früher gab es hier nicht die geringste Spur menschlichen Lebens.

Nichts als Sand seit 80 Millionen Jahren: Die Namib im Norden Namibias und Süden Angolas
Wüste der Erde, eine 95 000 Quadratkilometer große Ödnis aus lauter grausamer Einsamkeit.

tzen Tiere wie diese Springböcke der Unwirtlichkeit der Namib, in der jahrzehntelang kein
en fallen kann. Ihren Wasserbedarf decken sie fast ausschließlich über ihre Nahrung.

Es gibt eine Stille, die so laut ist, dass man sie kaum erträgt. Es ist eine brüllende Stille, die im eigenen Kopf tobt und die man nur deswegen hört, weil die Ohren absolut nichts hören und deswegen nach innen lauschen, denn Ohren kann man nicht abschalten, wie man Augen schließt. Es ist die vollkommene Abwesenheit jedes Geräuschs oder jeder Möglichkeit eines Lautes, das diese Stille so unheimlich macht. Und der Ort, an dem diese Stille am schrecklichsten ist, ist die Namib-Wüste, einer der unwirtlichsten, menschenfeindlichsten Flecken der Erde. Auf 50 Grad rasen die Temperaturen in der Sonnenglut wie im Fieberwahn hinauf, um dann nachts auf den Gefrierpunkt herunterzurauschen wie eine Furie. Kaum eine Pflanze hält es hier aus außer der zähen Welwitschie, die so alt wie das Christentum werden kann und in 2000 Jahren nur zwei Blätter produziert, die dafür aber acht Meter lang werden. Und noch eigenartigere Tiere gibt es hier, wie den Kopfstandkäfer, der sich auf den Kopf stellt, um mit den Hinterbeinen und dem Hinterteil ein paar Tropfen Feuchtigkeit aus dem Morgennebel zu saugen. Wie er die Stille aushält, bleibt sein Geheimnis.

Nicht nur Rot und Orange, sondern auch Braun, Ocker und Grün sind die Farben der Namib-Nationalpark eine Fläche von 50 000 Quadratkilometern bedeckt und damit größer als Holland

ettküste bis zum sogenannten Diamantensperrgebiet reicht die Namib-Wüste. Dort stieß ein fsarbeiter 1908 beim Bau einer Eisenbahnlinie auf sagenhafte Diamantenvorkommen.

Es ist der permanente Südwestwind, der die Sanddünen in der Namib-Wüste Hunderte Meter h
und ständig neue Muster in dieses gigantische, menschenleere Landschaftsgemälde zeichnet

arbe des Windes ist dabei das Orange. Je älter eine Düne ist, umso dunkler ist sein Ton. Das
der langsamen Oxidation von Eisenionen zu Eisenoxid – also zu Rost.

Der elegante Schwung des Kamms, der Kontrast aus Licht und Schatten, das Farbenspiel i
dämmerung – all das machen die Sanddünen des Sossusvlei zu einer der größten Attraktioner

Man darf den Einfallsreichtum der Natur nie unterschätzen. Selbst die kompliziertesten Aufgaben löst sie mit Bravour – zum Beispiel diejenige, Tiere für ein Leben in einer so lebensfeindlichen Welt wie dem Sossusvlei zu schaffen. In dieser Salzpfanne inmitten der Namib-Wüste, die von kolossalen Sanddünen umstanden ist, fällt so gut wie nie Regen. Entstanden ist sie durch die Versan-

dung des Flusses Tsauchab, der früher vermutlich im 50 Kilometer entfernten Atlantik mündete. Jetzt aber hat er eine grandiose Einöde zurückgelassen, in der man nur mit sehr viel Fantasie dem ständig lauernden Tod von der Schippe springen kann. Der Nebeltrinkerkäfer macht es, indem er – wie sein Name schon sagt – den Frühnebel trinkt. Der Sandechse gelingt es, weil sie Wasser in ihrem Körper speichern kann. Der Wüstengoldmull verbringt fast sein ganzes Leben unter der Erdoberfläche im Sand. Der Gemsbock wiederum kann wochenlang aufs Trinken verzichten und hat, um ja keine Flüssigkeit zu verlieren, das Schwitzen eingestellt. Manche Eigenschaften wünschte man sich auch als Mensch – ein Leben im Sossusvlei allerdings um keinen Preis.

s« heißt in der Sprache der Nama »Sossus«. Denn hier, mitten in der Namib-Wüste, verschwin-
Tsauchab spurlos im Sand, als sei seine ganze Existenz ein Hinrgespinst.

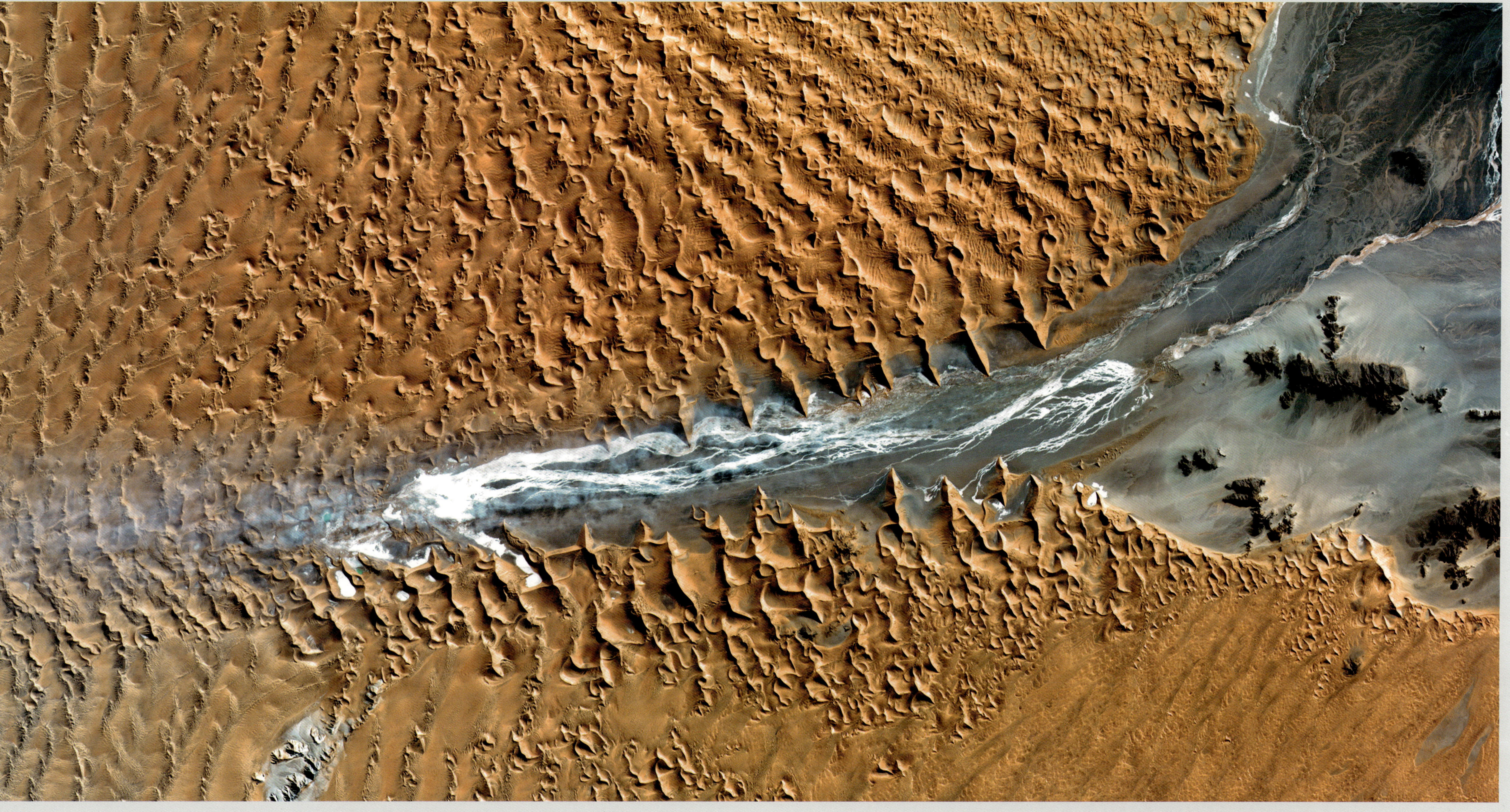

Der Friedhof der Bäume: Wegen des extrem trockenen Klimas in der Salzpfanne des Sossusv
alle Pflanzen hier in der Zeitlupe von Jahrhunderten, also jenseits menschlicher Vorstellungskra

n manche dieser Kameldornbäume seit 800 Jahren wie gespenstische Mahnungen der Vanitas
Wüste. Irgendwann aber dürfen auch sie ruhen – und endlich in Frieden umfallen.

Dieser Regenbogen hat allen Grund zu strahlen. Denn die Geschichte des NamibRand Nat
eines der größten privaten Naturschutzgebiete Afrikas, ist so glücklich wie unglaublich.

ndschaftsformen Namibias sind hier auf vergleichsweise kleinem Raum versammelt. Und seit man Wildtiere angesiedelt hat, ist auch Namibias Fauna wieder nahezu komplett vertreten.

Was geschieht, wenn sich der Mensch ein Stück Erde untertan macht, es dabei restlos ruiniert, dann eine Art gute Fee kommt, dieses Stückchen Erde vor dem endgültigen Untergang rettet, es den Menschen in tadelloser Schönheit zurückgibt und die Menschen zum guten Schluss ihre Lektion auch noch lernen – nämlich das Erbe ihrer Natur fortan zu bewahren? Ein Märchen ist natürlich erzählt worden, würde jeder sagen. Doch diese unglaubliche Geschichte ist tatsächlich wahr, und sie geht so: Im NamibRand züchteten Farmer einst Vieh, das die Erde kahl fraß wie eine biblische Plage, die Wildtiere vertrieb und das ökologische Gleichgewicht der Region völlig zerstörte. Dann kam der Geschäftsmann J. A. Brückner, kaufte den Farmern das Land ab, riss die Weidezäune nieder, siedelte Wildtiere wie Leoparden, Springböcke, Giraffen, Hyänen und Löffelhunde wieder an, machte aus NamibRand das mit einer Fläche von 200 000 Hektar größte private Naturschutzgebiet Namibias und baute ganz behutsam ein paar Lodges für den Ökotourismus, mit deren Einnahmen sich NamibRand heute finanzieren kann – so gehen moderne Märchen.

KOKERBOOM FOREST

Afrika ist die Heimat seltsamer Pflanzen, die es nirgendwo sonst auf der Welt gibt – so wie des Kö der auf Afrikaans »Kokerboom« heißt und aus dessen Ästen die Buschmänner Köcher schnitzte

Die San, die man auch Buschmänner nennt, gehören zu den ältesten Völkern der Erde. Schon vor 10 000 Jahren, vielleicht sogar vor 25 000 Jahren, besiedelten sie das südliche Afrika und lebten dort als Jäger und Sammler. Es war ein hartes Dasein, denn die Natur am Ende des Schwarzen Kontinents forderte den Menschen alles ab. Doch die San waren einfallsreich und nutzten alle Möglichkeiten, sich das Leben zu erleichtern. Auch das Potenzial des Köcherbaums blieb ihnen nicht verborgen: Sie erkannten, dass sich seine Äste mit der harten Schale und dem weichen Kern ideal als Köcher für ihre Pfeile eigneten. Und so höhlten sie die Äste aus und gaben dem Baum seinen Namen.

nmännern müssen sich die Köcherbäume nicht mehr fürchten. Dafür haben die Weißen gesorgt, der San vertrieben, versklavten, vernichteten. Nur 100 000 von ihnen haben überlebt.

Der Niederländer Simon van der Stel war der erste Europäer, der den Köcherbaum zu Gesicht bekam. Er war im Namaqualand auf der Suche nach Kupfer, fand aber stattdessen diesen Baum, der 300 Jahre alt werden kann und rosettenförmige, an den Rändern gezackte Blätter besitzt. Eigentlich ist er ein Einzelgänger, der am liebsten mürrisch in der Landschaft steht, ohne die Gesellschaft von Gleichgesinnten zu ertragen. Manchmal aber überwindet er seinen einsiedlerischen Geist und rottet sich zu Wäldern von wenigen Hundert Bäumen zusammen – so wie in Keetmanshoop in Namibia, das aus gutem Grund zu einer Touristenattraktion ersten Ranges geworden ist.

Dramatische Wolkengebirge über der gewaltigsten Schlucht Afrikas: Der Fish River Cany
Namibias wäre ein hervorragendes Sujet für romantische Landschaftsmaler wie William Turner

Wie konnte das nur geschehen? Wie war es möglich, dass dieses Rinnsal von Flüsschen diesen gigantischen Canyon in die Erdkruste Afrikas gegraben hat? Der Fish River mag der längste Fluss Namibias sein, 650 Kilometer von der Quelle bis zur Mündung. Doch hier ist er nur ein müdes Bächlein, das es bestenfalls zu ein paar Tümpeln bringt, in denen Welse, Karpfen, Barben und Barsche leben. Und auch wenn er für ein paar Tage während der Regenzeit zu einem reißenden Strom anschwillt, würde man ihm doch nie zutrauen, den größten Canyon Afrikas, den zweitgrößten der Erde nach dem Grand Canyon im amerikanischen Wilden Westen aus den Koubis-Bergen im Süden Namibias geschabt zu haben. 160 Kilometer lang, 27 Kilometer breit und bis zu 550 Meter tief ist der Fish River Canyon, der zu den beeindruckendsten wilden Landschaften des südlichen Afrika gehört. Er ist eine gewaltige Scharte in der Natur, in deren Schutz Antilopen, Leoparden, Oryxe, Bergzebras, Kudus, Springböcke, Erdhörnchen und andere Tiere leben – auch wenn es auf dem Grund des Canyons mörderische 50 Grad heiß werden kann und kein kühlendes Nass für Linderung sorgt.

…er liebe Gott aus seinem Himmelreich auf die Erde hinab und betrachte sie mit Wohlwollen:
…rn manchmal die monumentalen Bilder, die man am Fish River Canyon sehen kann.

Nicht jede Wüste ist wüst und leer. In der Kalahari regnet es zwar äußerst selten und monatelan
nicht. Trotzdem haben sich erstaunlich viele Pflanzen an diese unwirtliche Welt angepasst.

»Hic sunt leones« – Hier sind die Löwen: Dieser Satz stand bis ins 19. Jahrhundert im Zentrum der Landkarten, die die Europäer von Afrika zeichneten. Mehr wusste man zu diesem Zeitpunkt kaum von dem riesigen Kontinent, in dessen Herz sich kein Europäer vorwagte. Seine Ränder kannte man ein wenig, doch alles Land dahinter war schlicht und simpel das Land der Löwen. Heute ist

Afrika längst bis in den letzten Winkel kartografiert. Und doch gibt es immer noch Orte, über denen die Aura des Unbekannten, Geheimnisvollen, Unerforschlichen schwebt – Orte der Löwen, Orte wie die Kalahari. Es ist fast unmöglich, sich eine Vorstellung von den gigantischen Dimensionen dieser 1,2 Millionen Quadratkilometer großen Sandwüste zu machen, die sich von Südafrika über Namibia und Botswana bis nach Sambia und Angola erstreckt. Vor Urzeiten war die Kalahari einmal eine Felsenwelt aus Sandstein, der aber vom Wind in unendlicher Geduld zu feinstem Sand zerrieben und dann zu den typischen, gewellten Kalahari-Dünen aufgetürmt wurde. Hätten das die Europäer damals gewusst, hätten sie etwas anderes auf ihre Landkarten geschrieben.

nkeit der Kalahari mit ihren charakteristischen roten Sanddünen ist so ungeheuerlich wie
Mehr als dreimal würde Deutschland in diese Wüste hineinpassen.

Kein Platz für Kleinstaaterei, aber viel Platz für Akazien und Kameldorn, Löwen und Schakale: I
greifenden Kgalagadi-Nationalpark gibt es weder für Mensch noch Tier Zollkontrollen.

Afrika ist seit Langem auf der Suche nach seinem Frieden. Es hat dabei enorme Fortschritte gemacht, doch in vielen Ländern herrschen noch immer Krieg und Unfrieden, Gewalt und Vertreibung, Völkermord und Gesetzlosigkeit. Eine Friedensidee aber hat sich glücklicherweise durchgesetzt: die der »Peace Parks«, der grenzüberschreitenden Nationalparks, die keinen nationalstaatlichen

Interessen gehorchen, sondern allein dem übergeordneten Wohl der Natur dienen. Gegründet wurde die Friedensparkorganisation unter anderem vom früheren südafrikanischen Präsidenten Nelson Mandela und Prinz Bernhard von den Niederlanden. Und der Pionier dieser Schutzgebiete ist der Kgalagadi Transfrontier-Nationalpark, der aus der Zusammenlegung zweier Nationalparks in Südafrika und Botswana entstanden ist. In diesem Gebiet, fast so groß wie die Schweiz, können nun nicht nur Safaritouristen, sondern auch Elefanten, Löwen, Leoparden und Schakale ohne alle Formalitäten die Grenze überqueren. Für die Tiere ist das keine große Sache. Für die Menschen aber bedeutet diese Friedensstiftung einen gewaltigen Fortschritt.

»Peace Parks«, die mehrere Länder verbinden und nicht nur Springböcken freie Bahn ge-
in Afrika immer populärer. Es gibt sie inzwischen auch in Mosambik, Simbabwe und Namibia.

»Den Ort des tosenden Lärms« nannte das Volk der San die Augrabies-Wasserfälle in Südafrik
dramatischste Etappe auf der langen Reise des Stroms von Lesotho an die Küste Namibias.

Im Grunde seiner Seele ist der Oranje River ein friedfertiger Fluss. Mit unerschütterlicher Gelassenheit fließt der 2160 Kilometer lange Strom durch Lesotho, Südafrika und Namibia, schlägt kaum einmal über die Stränge und schenkt den Menschen großherzig sein Wasser, die damit ihre Weinberge tränken und den Durst der Millionenmetropole Johannesburg stillen. Einmal aber hat der

Oranje River einen gewaltigen Temperamentsausbruch: Bei den Augrabies-Wasserfällen stürzt er sich mit überschäumender Freude 150 Meter in die Tiefe und hüllt die gesamte Landschaft in einen glitzernden Schleier aus Sprühnebel. Dann ist er jedoch ganz schnell wieder der alte gelassene Strom, der sich allerdings einmal im Jahr über ein sehr merkwürdiges Publikum wundern dürfte. Denn alljährlich ist der Augrabies-Nationalpark Schauplatz des »Kalahari Augrabies Extreme Marathon«, eines Langstreckenrennens für die Elite der Extremsportler. Über eine Strecke von 250 Kilometern führt dieser Ultramarathon, dessen Teilnehmer die Schönheit der Wasserfälle und der Landschaft im Zweifelsfall viel zu wenig würdigen.

direkt vom Himmel in den Schlund der Erde, um dieses schäumende Schauspiel gebührend in
tzen: So wirkt dieser Lichtstrahl, der die Wasserfälle spektakulär illuminiert.

Dort, wo es kaum noch eine Pflanze aushält, fühlt sich der Köcherbaum am wohlsten – so wie i
gen Wüsten des Richtersveld-Nationalparks im äußersten Nordwesten von Südafrika.

Natürlich können Pflanzen nicht masochistisch sein. Wären sie es aber doch, dann könnte man den Köcherbaum bestimmt als Masochisten ersten Grades bezeichnen. Denn er mag es am liebsten brüllend heiß, aber auch bitterkalt, er hat es gerne staubtrocken und überhaupt so unwirtlich wie irgend möglich. Und ganz alleine, weit weg von jeder artverwandten Gesellschaft, fühlt er sich außerdem am wohlsten. Dieser seltsame Baum kommt nur in den Felswüsten des südlichen Afrika vor. Er wächst sehr langsam und kann vermutlich 400 Jahre alt werden, was man aber nicht mit Bestimmtheit sagen kann, weil der Stamm keine Jahresringe bildet. Unzweifelhaft hingegen ist der eigenartige Name dieses Baumes: Die Buschmänner, die Ureinwohner Südafrikas, höhlten die weichen Äste des Köcherbaums aus, bis nur noch die harte Rinde übrig war, und nutzten sie als Köcher für ihre Pfeile. Besonders wohl fühlt sich der Baum im Richtersveld-Nationalpark im Nordwesten Südafrikas, in dem es tagsüber bis zu 50 Grad heiß werden kann, nachts Bodenfrost keine Seltenheit ist und pro Jahr kaum mehr als ein paar Tropfen Regen fallen.

n böser Geist den Stein in Brand gesteckt, sodass er jetzt glüht wie eine Wand aus Lava: Köcher-
spektakulärer Kulisse in Richtersveld, dem wildesten Nationalpark Südafrikas.

Gelb, orange, lachsrot oder weiß blühen die Gänseblümchen im Namaqua-Nationalpark in Süda
kapprovinz. Doch ihr Leben an diesem kargen, staubigen Ort ist fast so flüchtig wie eine Illusion

Wenn man im Juni durch den Namaqua-Nationalpark in Südafrikas Nordkapprovinz fährt, fühlt man sich wie am Tag nach der Apokalypse. Man kommt durch totes Land, durch eine graubraune Ödnis, in der jegliches Leben von einem fürchterlichen göttlichen Zorn verbrannt worden zu sein scheint. Nichts regt sich hier, kein Farbtupfer spendet Trost in all der Trostlosigkeit. Doch dann, im

späten Juli oder frühen August, fällt der Regen wie ein Märchenprinz auf dieses hoffnungslose Stück Erde, um es mit Abermillionen von Regentropfen wach zu küssen. Wie von Zauberhand verwandelt sich Namaqua binnen weniger Stunden in einen einzigen Farbenrausch, weil jede Pflanze monatelang nur auf diesen Augenblick gewartet hat. So überwältigend ist das Schauspiel, dass man es für eine Fata Morgana halten würde – könnte man sich nicht hinabbeugen und an all den gelben, blauen, roten, violetten Blüten und Kelchen schnuppern, die das Füllhorn der 3000 Pflanzenarten in Namaqua über das eben noch so traurige Land streut. So schnell aber, wie er gekommen ist, verschwindet der Märchenprinz auch wieder, und das lange Warten beginnt von Neuem.

meter Regen im Juli und August reichen aus, um aus der trostlosen Ödnis ein Fest der Farben
Es ist ein gieriger Lebensrausch der Pflanzenwelt, dem ein langer Kater folgen soll.

CEDERBERG MOUNTAINS

Die namensgebenden Clanwilliam-Zedern sind in den Zederbergen 200 Kilometer nördlich von K
vollständig abgeholzt worden. Dafür blühen die Blumen und der Rooibos wie seit eh und je.

Eine einzigartigere Landschaft wird man in ganz Südafrika nicht finden. Nur hier wachsen die Clanwilliam-Zedern, die dem Gebiet seinen Namen gegeben haben. Nirgendwo sonst leben noch die akut vom Aussterben bedrohten Kap-Bergzebras. Und an keinem anderen Ort der Welt findet man die Rooibos-Pflanze. Aus ihren Blättern wird der berühmte Tee gewonnen, der in Deutschland beliebter ist als in allen anderen Ländern der Erde. Das mag daran liegen, dass Rooibos-Tee eine wahre Wunderwaffe der Natur ist. Er enthält kein Teein und keine Bitterstoffe, die den Magen reizen, dafür verschafft er Linderung bei Heuschnupfen, Asthma, Darmbeschwerden und Allergien.

at dramatische Steinskulpturen geschaffen, und die Menschen haben ihnen fantasievolle
eben. »Lots Frau« heißt diese Formation, obwohl Sodom und Gomorra sehr weit weg sind.

Während die gesundheitsbewussten Deutschen Rooibos mit stetig wachsender Begeisterung trinken, gilt er in Südafrika als der Tee der armen Leute, die sich teure Importe aus Indien oder Sri Lanka nicht leisten können. Dabei wussten es schon die San, die Ureinwohner des Landes, besser. Sie nutzten seit der Zeit ihrer Ahnen die Rooibos-Blätter als Heilpflanze. Anfang des 20. Jahrhunderts fiel das dem russischen Teehändler Benjamin Ginsberg auf, der das Potenzial des Getränks erkannte, es der Welt aber vergebens schmackhaft zu machen versuchte. Wüsste er um den Siegeszug des Rooibos in Deutschland, drehte er sich wahrscheinlich vor lauter Gram im Grab um.

Ein Berg wie der Tisch von Titanen: Mehr als 400 Millionen Jahre ist der Tafelberg in Kapstadt a
er höher als der Montblanc, geblieben sind ihm immer noch imposante 1000 Meter Höhe.

Wollte man einen Wettbewerb veranstalten, um die am schönsten gelegene Stadt auf Erden zu küren, stünden die heißen Kandidaten schnell fest. Rio de Janeiro hätte bestimmt gute Chancen, auch Vancouver oder Sydney. Doch die Krone gebührte ohne Zweifel Kapstadt. Denn die Topografie der Halbinsel am Kap der Guten Hoffnung ist so sensationell schön, dass jedem Besucher

der Atem stockt. Wie zwei schützende Hände umschließen der Löwenkopf und der Tafelberg die Bucht von Kapstadt, als wollten sie den Menschen ein Nest bauen und sie vom Rest des Kontinents abschirmen. Dagegen wirkt der fast senkrecht aufragende, waagerecht abgeschnittene Tafelberg wie das Werk eines Furcht einflößenden, zyklopischen Steinmetzes.

e Ende der Welt: An der 50 Kilometer langen und 16 Kilometer breiten Kap-Halbinsel hat sich die
noch einmal richtig ins Zeug gelegt, um Afrika ein würdiges Finale zu bereiten.

Kap der Guten Hoffnung – was für ein verheißungsvoller Name für einen solch verhängnisvollen Ort, den die Seefahrer einst mehr fürchteten als jeden anderen auf allen Weltmeeren. Hier, am äußersten Ende der Kap-Halbinsel, liegt nur wenige Zentimeter unter der Wasseroberfläche eine tückische Felsenlandschaft, deren Zacken zahllose Schiffsrümpfe aufgeschlitzt haben. 1488

wurde das Kap zum ersten Mal von einem Europäer gesichtet, vom Portugiesen Bartolomeu Diaz, der die Felsspitze »Kap der Stürme« taufte. Das gefiel seinem König Johann II. gar nicht, der die Erkundung des Seewegs nach Indien energisch vorantrieb und deswegen seinen Seeleuten keine Angst, sondern Hoffnung machen wollte – und so kam das Kap zu seinem heutigen Namen.

Seit 350 Jahren, länger als irgendwo sonst in Übersee, wird in Südafrika Wein angebaut. B trinkbare Gewächse am Kap der Guten Hoffnung kultiviert wurden, war es ein steiniger Weg.

Der 2. Februar 1659 war ein Schicksalstag in der Geschichte Südafrikas, auch wenn das in den meisten Geschichtsbüchern gar nicht steht. Denn an diesem Tag wurde der erste Wein südlich des Äquators gekeltert. Es war der Beginn der südafrikanischen Weinbaugeschichte, die bis heute fortgeschrieben wird. Allerdings muss der erste Rebensaft schauderhaft geschmeckt haben. Gemacht wurde er nämlich von dem erklärten Weindilettanten Jan van Riebeeck, dem Gründer der Kapprovinz. Immerhin hatte er zum einen erkannt, dass sich Südafrika klimatisch hervorragend für den Weinbau eignet, und wusste zum anderen, dass Wein gut gegen Skorbut und länger haltbar als Wasser war – er war also genau das, was die holländischen Seefahrer auf ihren langen Reisen nach Afrika brauchten. Van Riebeecks Nachfolger Simon van der Stel machte es ab 1679 besser, denn er verstand etwas von seinem Handwerk und gründete das Weingut Constantia vor den Toren Kapstadts, das bis heute existiert. Und als dann von 1688 an weinliebende Hugenotten aus Frankreich ans Kap emigrierten, kam der südafrikanische Weinbau endgültig zur Blüte.

nd die effektivste Verschönerungskur für jede Landschaft. Ihr geometrisches Muster macht m Aschenputtel eine Prinzessin – erst recht, wenn sie den Tafelberg als Krone trägt.

Südafrika gehört heute zu den wichtigsten Weinproduzenten der Welt. Inzwischen widmen sich auch prominente Gourmets wie der südafrikanische Golfspieler Ernie Els mit fanatischer Leidenschaft dem Weinbau und gewinnen mehr Preise mit ihren Gewächsen als mit ihren Schlägern. Altehrwürdige Häuser wie Buitenverwachting oder Steenberg wiederum produzieren schlanke Sauvignon Blancs und Rheinrieslinge, während kleine, feine Häuser wie Haute Cabrière in Franschhoek exzellente Sekte in der Flasche gären lassen. Der Rosé ist fabelhaft, weil er so herrlich zwischen Frivolität und Schwermut schwankt; die Schaumweine werden unter dem Namen Pierre Jourdan vermarktet, des Gründers von Haute Cabrière, das goldglänzende Etikett schmückt stolz die Jahreszahl 1694. In mehr als 300 Jahren hat der Wein das Gesicht der Landschaft am Kap verändert. Die Weinstöcke zähmen mit der Sanftmut ihrer akkurat geschwungenen Geometric und der Sattheit ihres Grüns die schroffen, kahlen Berge Südafrikas, die rissig und gezackt wie Krokodilrücken sind. Erst hinter den Weinbergen beginnt, verbannt wie ein böser Geist, die Halbwüste Karoo.

2000 Kilometer lang ist die Nationalstraße 2, die von Kapstadt bis Swaziland führt. Oft durchsch
karges, trostloses Land. Doch an der Gartenroute zeigt sie ihr schönstes Gesicht.

Das erste Postamt Südafrikas war ein Milchbaum. Er steht bis heute in Mossel Bay an der Gartenroute und wurde um das Jahr 1500 von portugiesischen Seefahrern auf dem Weg nach Indien in Betrieb genommen. Sie steckten dringende Briefe nach Hause in Seemannsstiefel, hängten sie an den exponierten, vom Meer aus gut sichtbaren Baum und hofften, dass sie von vorbeikommenden Schiffen entdeckt und mitgenommen würden. Dieses Postamt ist die kurioseste, aber ganz gewiss nicht die einzige Attraktion entlang der Gartenroute, die zu den unbestrittenen Höhepunkten jeder Südafrikareise zählt. Nur hier, an seiner schönsten Straße, ist dieses trockene Land üppig und grün, obwohl schon die ersten Siedler durch Brandrodung und Abholzung dem Dschungel an der Südküste stark zusetzten. Doch noch immer wechseln sich hier Regenwälder voller farbenprächtiger Orchideen und mannshoher Farne mit Lagunen und Dünenstränden, Seen und Mangrovensümpfen ab. Mit etwas Glück kann man an der Gartenroute an einem einzigen Tag erst Affen und exotisch gefiederte Vögel und anschließend Delfine und Buckelwale beobachten.

ellen wie hier bei Knysna haben die Flüsse, die vom Hochland kommen und in den Indischen en, Lagunen in die Küste modelliert und das Wasser mit dem Land wunderbar vermählt.

Im Küstenort Knysna gibt es noch viel seltenere Tiere. Hier leben Seepferdchen und Schmetterlinge, die man nirgendwo sonst auf Erden findet. Und angeblich sollen in den dichten Wäldern rund um das Städtchen noch Elefanten hausen. Gesehen hat sie zwar noch niemand, aber von ihrer Existenz sind alle Einheimischen überzeugt. Dass es hingegen in Oudtshoorn Strauße gibt, kann niemand anzweifeln, denn der Ort ist bis heute die Welthauptstadt dieser mächtigen Vögel mit dem erbsenkleinen Gehirn. Früher wurden sie vor allem wegen ihrer Federn gezüchtet. Sie waren in Mode gekommen, nachdem die spanischen Eroberer Amerikas den Federschmuck der Azteken an den Hof von Kaiser Karl V. gebracht hatten. Fortan wollten sich auch die Damen der besseren Stände so prachtvoll schmücken wie einst der Herrscher Moctezuma. Im 19. Jahrhundert wurden Straußenfedern auch in bürgerlichen Kreisen beliebt. Man trug stolz Boas, Stolas, Federhüte. Und als dieser Schmuck allmählich aus der Mode kam, war es mit der Karriere des Strausses noch lange nicht vorbei. Denn heute züchtet man ihn wegen seines mageren Fleisches.

Eine Landschaft, die aussieht, als habe sie Frieden geschlossen mit sich selbst und der Welt. Vi
die Gartenroute zwischen Westkap und Ostkap deswegen jedes Jahr Millionen Besucher an.

üdafrikaner, die es sich leisten können, verbringen ihren Lebensabend an der Gartenroute. Das
der, denn allein schon der Anblick dieser Landschaft sorgt für innere Ruhe.

»Das Loch in der Wand« heißt aus gutem Grund diese Felsformation an der Wild Coast, die zu d
testen Regionen Südafrikas gehört. Ihren Namen hat sie aber aus einem ganz anderen Grund.

Wie schrecklich, wie trügerisch war die Hoffnung der europäischen Seefahrer, die auf ihrem Weg zu den Gewürzen Indiens die Stürme des Kaps der Guten Hoffnung überstanden hatten und sich jetzt in Sicherheit wähnten. Doch das Schlimmste stand ihnen noch bevor: die Wild Coast, die wilde Küste in der Provinz Ostkap, die mit messerspitzen Felsen und tückischen Sandbänken gespickt

ist und von einem unberechenbaren Wettergott verflucht wird. Dutzende, wenn nicht Hunderte von Schiffen fanden hier ein furchtbares Ende und Tausende von Seefahrern ihr nasses Grab. Und wild ist sie auch jenseits der Meeresseite. Keine Straße führt direkt an ihr entlang, nur auf wenigen Stichstraßen, die oft holprige Schotterpisten sind, erreicht man das Meer.

n übermütigen Delfinen, sondern auch von Weißen Haien wimmelt das Meer an der Wild Coast.
ich ist sie deswegen bei Wanderern deutlich beliebter als bei Schwimmern.

Früher hieß die Wild Coast Kaffernküste, weil hier das Volk der Xhosa lebte, das von den europäischen Kolonialherren Kaffer genannt wurde. Sie führten jahrhundertelang ein beschauliches, unaufgeregtes Leben, bis im Jahr 1857 eine schreckliche und auch noch selbst verschuldete Tragödie über sie hereinbrach: Eine Seherin der Xhosa behauptete, von den Göttern eine Weisung empfangen zu haben. Der Wille der Himmelsherren sei es, dass ihr Volk all sein Vieh schlachten und keines seiner Felder mehr bearbeiten sollte. Nur so könnte es den Siegeszug der britischen Kolonialmacht stoppen, die sich nun auch das Territorium der Xhosa einverleiben wollte. Stattdessen müssten die Menschen nichts anderes tun, als zu warten, bis ihre Ahnen mit neuem Vieh und neuer Saat auftauchten. Die Xhosa glaubten der Seherin, töteten ihre Tiere, ließen ihre Äcker verkommen und hätten sich so um ein Haar selbst ausgerottet. Zehntausende starben des Hungers, und die Überlebenden hatten keine Chance, sich gegen die vorrückenden britischen Kolonialtruppen zu wehren. Das ist bis heute das schwärzeste Kapitel in der Geschichte der Xhosa.

Das satte Grün und das warme Braun täuschen Bukolik vor. Tatsächlich ist die Karoo ein so a
Land, dass es lange Zeit niemand außer den Völkern der Khoi und der San besiedeln wollte.

Ist es technisch möglich, eine flackernde Kerze auf dem Mond zu erkennen? Völlig ausgeschlossen, würde jeder Laie sagen. Kein Problem, wissen es die Astronomen besser. Denn in der südafrikanischen Halbwüste Karoo steht ein Wunderteleskop, mit dem man Kerzen auf dem Mond spielend erkennen könnte. Es heißt »Southern African Large Telescope«, wird von verschiedenen

Staaten betrieben, hat einen Durchmesser von elf Metern und ist mit seinen 91 Spiegeln eines der leistungsstärksten Fernrohre überhaupt. Dass es in der Karoo steht, ist kein Zufall. Denn diese gottverlassene Gegend ist ein Paradies für Astronomen. Hier haben sie meist einen klaren Himmel, müssen sich mit keiner Lichtverschmutzung plagen und haben freien Blick ins Zentrum der Milchstraße.

vie dieser elegante Klippspringer fühlen sich in der 500 000 Quadratkilometer großen Halbwüste
ohl, deren Name sich passenderweise vom Wort der San für »trocken« ableitet.

Für Menschen, die sich nicht für die Sterne interessieren, ist die Karoo allerdings ein weniger verheißungsvoller Ort. Sie wird von einer gnadenlosen Sonne versengt und nur von kümmerlichem Buschwerk bedeckt, das die Einheimischen Fynbos nennen. So karg ist dieses Land, dass bis ins 19. Jahrhundert alle weißen Farmer einen weiten Bogen um die Karoo machten. Nur die afrikanischen

Urvölker der Khoi und der San hielten es hier aus, die einen als Viehzüchter, die anderen als Sammler und Jäger. Und auch sie interessierten sich schon für den Sternenhimmel, für die 100 Milliarden Galaxien, die es da oben geben soll und die jede einzelne aus 100 Milliarden Sternen besteht. Vor allem die San erzählten sich zahllose Legenden über die Sterne, erkannten im Kreuz des Südens eine himmlische Giraffe und glaubten, die Milchstraße sei aus glühender Asche entstanden. Die Astronomen können sich mit solchen unwissenschaftlichen Erklärungen natürlich nicht zufriedengeben. Deswegen planen sie in der Karoo gerade den Bau des gewaltigsten Teleskops auf Erden, mit dem man vermutlich auch einen Floh auf dem Mond erkennen wird.

ADDO ELEPHANT PARK

Viel hat nicht gefehlt, und die Menschen hätten die Elefanten in Addo ausgerottet. In letzter Sek
sie zur Besinnung. Heute leben wieder 500 Tiere in Südafrikas drittgrößtem Nationalpark.

Die Geschichte des Addo Elephant Park ist die Geschichte des menschlichen Herrschaftsanspruchs über die Natur mit all seinen irrwitzigen Konsequenzen. Und trotzdem ist sie eine Geschichte mit glücklichem Ausgang. Im 19. Jahrhundert wurde das Gebiet in der Provinz Ostkap systematisch von Farmern gerodet, um Felder und Weiden anzulegen. Die wilden Tiere störten dabei

nur, und so wurde Addo zu einem der beliebtesten Jagdreviere von Großwildjägern in Südafrika. Sie leisteten ganze Arbeit, erlegten 1849 den letzten Löwen, 1853 das letzte Nashorn, und auch die Elefanten wurden nahezu ausgerottet. Da die letzten überlebenden Tiere immer wieder die Felder der Farmer verwüsteten, beschloss die Regierung der Kapprovinz 1918, auch alle verbliebenen 150 Elefanten abschießen zu lassen. Sie engagierte den berüchtigten Elefantenjäger Jan Pretorius, der sich nicht lange bitten ließ. Zwei Jahre später hatte er alle Dickhäuter bis auf 16 Exemplare massakriert. Und jetzt erst merkten die Südafrikaner, welchen Wahnsinn sie da trieben. Ein Aufschrei der Empörung erschütterte das Land – und das Morden hatte ein Ende.

Liter Wasser muss ein Elefant jeden Tag trinken. Da ist es kein Wunder, dass es in der an den wenigen verbliebenen Wasserlöchern von Addo ziemlich eng werden kann.

Der Schutz der Elefanten hatte nun oberste Priorität in Addo. Der Nationalpark wurde in den 1950er-Jahren vollständig mit einem Zaun aus Stahlseilen und Eisenbahnschienen eingezäunt. Dieser Zaun, der nach seinem Erfinder »Armstrong Fence« genannt wurde, ist immer noch in Gebrauch und wurde zum Vorbild für Schutzbarrieren in vielen Naturschutzgebieten Afrikas. Der Bestand der Elefanten erholte sich langsam, aber stetig. Im Jahr 1954 lebten 22 Tiere in Addo, 2006 waren es 400 Elefanten, und an manche besonders charakterstarken Exemplare erinnert man sich bis heute – so wie an den legendären Hapoor, der von 1944 bis 1968 das Alphatier des Parks war und vor dessen Jähzorn sich die Wildhüter ein ums andere Mal in Sicherheit bringen mussten.

GOLDEN GATE NP

Dieses Golden Gate hat nichts mit der berühmten Brücke in San Francisco zu tun. Doch die mor
Sandsteinformationen am Fuß der Maluti-Berge im Zentrum Südafrikas sind nicht minder spekta

Alles, nur das nicht, was sie jetzt sah und kaum glauben konnte, hatte die südafrikanische Farmersfamilie van Reenens erwartet. Im Jahr 1878 kaufte sie Land am Fuß der Maluti-Berge im Herzen Südafrikas, machte sich zwischen Hoffen und Bangen auf den Weg, kam in der Abenddämmerung bei ihrem neuen Besitz an und muss wie vom Donner gerührt vor der ungeheuerlichen Schönheit gestanden haben, die sich vor ihr ausbreitete: gigantische Sandsteinformationen, die in der untergehenden Sonne erst golden und dann rubinrot glühten, lauter Felsen und Klippen von einer nie gesehenen Farbintensität. Da beschloss die Familie van Reenens, ihr neues Zuhause »Golden Gate« zu nennen, das Goldene Tor. Golden glänzen die Sandsteingebirge bis heute, die seit 1963 von einem Nationalpark geschützt werden. Doch nicht nur das Farbenspiel hat Golden Gate berühmt gemacht, sondern auch seine Bedeutung als Fossilienfundort. Auf rund 250 Millionen Jahre alte versteinerte Eier von Dinosauriern ist man hier gestoßen. Ob auch die Urechsen sich einst am Sonnenuntergang und der Landschaft freuten, ist indes nicht bekannt.

zen Zauber entfaltet der Sandstein erst in der Abenddämmerung. Dann überzieht ihn die Sonne
ldenen Schicht und lässt ihn glänzen, als sei eine Schatztruhe geöffnet worden.

UKAHLAMBA DRAKENSBERG PARK

Die Natur hat sich in den Drakensbergen in KwaZulu ein steinernes Amphitheater gebaut, und in
dämmerung übergießt sie es mit einer Prachtbeleuchtung. Uns bleibt da nur das Staunen.

Die UNESCO ist eine Organisation, deren Urteil über jedem Zweifel steht. Wenn sie einen Ort zum Weltnaturerbe erklärt, hat sie immer gute Gründe dafür. Und wenn sie dabei so ins Schwärmen gerät wie beim Ukahlamba Drakensberg Park in KwaZulu, müssen ihre Gründe spektakulär sein. Ganz außergewöhnlich, schreibt die UNESCO, sei die landschaftliche Schönheit dieser Berge mit ihren

Sandsteinklippen und Basaltabgründen, mit ihren tiefen Tälern und riesigen Hochplateaus. Und damit nicht genug: Das Gebirge zählt nicht nur zum Überwältigstenden, was die Natur in Südafrika zu bieten hat. Es beherbergt auch die größte Zahl von Felszeichnungen der afrikanischen Urvölker, eine fantastische Galerie von Gemälden auf Stein, die in 4000 Jahren Arbeit angefertigt wurden.

en Berge des südlichen Afrika und die atemberaubendsten noch dazu: An Dramatik aus schwin-
den Hochplateaus und höllentiefen Abgründen sind die Drakensberge nicht zu überbieten.

Ockerfarbene Felsen, pechschwarze Zackenlinien, dräuende Wolken: Der 1916 gegründete R
Nationalpark, der in den Drakensbergen liegt, ist Landschaft in ihrer dramatischsten Form.

Was mögen die zwei französischen Missionare gedacht haben, als sie 1836 durch den späteren Royal Natal-Nationalpark im Südosten Südafrikas wanderten und ihren Augen kaum trauten im Angesicht von so viel Pracht und Herrlichkeit? Vielleicht wunderten sich die Gottesmänner Arbousset und Daumas, wie ungleich und ungerecht Gott der Allmächtige die Schönheit seiner Schöpfung verteilt hat. Manchen Ländern gab er nur Sand, als habe er sie bestrafen wollen, andere erstickte er unter einem Teppich aus Urwald, und wieder andere ließ er zu Eis erstarren. Sein Lieblingskind Südafrika aber verwöhnte er mit aller Großartigkeit aus seinem Füllhorn – so wie mit dem berühmten Amphitheater, einer kolossalen, 1000 Meter hohen Felswand zwischen den Dreitausendern Sentinel und Eastern Buttress, oder mit dem Mont-aux-Sources, dem Berg der Quellen, an dem gleich drei bedeutende Flüsse entspringen. Und von der ungeheuren Pflanzenvielfalt im Royal Natal Nationalpark machten sich die Missionare wahrscheinlich gar keine Vorstellung. Allein 72 Arten von Farnen gibt es hier – so viele, wie sie Gott der Ungerechte kaum einem anderen Land geschenkt hat.

ie weiß es ganz genau: Das bis zu 3482 Meter hohe Gebirge in KwaZulu und Lesotho ist vulkani-
rungs, und sein Basalt wird seit 180 Millionen Jahren von der Erosion zerfressen.

RUGGED GLEN NATURE RESERVE

Der idyllischste Teil der Drakensberge: Das Naturschutzgebiet Rugged Glenn in KwaZulu-Natal g
als Paradies für Wanderer, sondern auch für Vogelbeobachter und Forellenfischer.

e Geschichte, die dieses Land erleben musste, sieht man ihm glücklicherweise nicht mehr an. tionen lang haben sich hier Zulus, Briten und Buren bis aufs Blut bekämpft.

Wenn man heute durch die südafrikanische Provinz KwaZulu-Natal fährt und sich von der Friedfertigkeit ihrer Traumlandschaften wie dem Rugged Glenn-Naturreservat überwältigen lässt, kann man sich kaum vorstellen, mit wie viel Blut diese Erde getränkt ist. Ist dies wirklich das Land, in dem einst der blutigste aller Zulu-Herrscher, der legendäre König Shaka, mit ebenso viel Genie wie Grausamkeit sein Reich errichtete? »Napoleon Afrikas« nannten seine Zeitgenossen ehrfürchtig den 1787 geborenen Sohn eines Zulu-Prinzen, der mit eiserner Disziplin die schlagkräftigste Armee südlich der Sahara schuf und die Kriegsführung seiner Zeit revolutionierte. Denn er ersetzte die bis dahin üblichen Wurfspeere durch Nahkampfspieße, mit denen seine Kämpfer jeden Gegner niedermetzelten. Ein britischer Reisender schilderte Shaka so: »Der König empfing uns freundlich, aber mit jenem Hauch hochmütiger Gleichgültigkeit, die man vom Napoleon Afrikas erwarten konnte, vor dem alle ausgestreckt am Boden lagen. 100 000 Krieger, deren Siege etliche Völker vernichteten, knieten zu seinen Füßen, und sein Wort war für sie die Anordnung ihrer Gottheit.«

BLYDE RIVER CANYON

Nur zwei Schluchten auf Erden sind noch mächtiger als der 800 Meter tiefe Blyde River Ca
Drakensbergen – der Grand Canyon im amerikanischen Westen und der Fish River Canyon in N

Es ist kein Zufall, wenn man sich in den gewaltigen Schluchten des Blyde River Canyon an J.R.R. Tolkiens »Mittelerde« erinnert fühlt, an die Heimat von Feen und Drachen, an die Schauplätze der ewigen Schlachten zwischen dem Bösen und dem Guten. Denn keine andere Landschaft hat den Autor der »Herr der Ringe« stärker inspiriert als der imposanteste Canyon Südafrikas. Auf einer

Länge von 26 Kilometern hat sich der Blyde River bis zu 800 Meter tief in den roten Sandstein der Drakensberge gegraben und so einen Spalt geschaffen, der zu den größten Naturwundern im südlichen Afrika zählt und nach dem Fish River Canyon in Namibia die zweitgrößte Schlucht des Kontinents ist. Doch im Gegensatz zu anderen Schluchten dieser Größe liegt hier kein totes, trockenes Land, sondern ein subtropischer Garten Eden voller Pflanzen und Tiere. Fische, Antilopen, Krokodile, Nilpferde, Affen und Adler leben hier zwischen den Felswänden. Und überragt wird dieses grandiose Landschaftstableau von drei gigantischen runden Felsen, die »The Three Rondavels« genannt werden, weil sie an die Rondavels, die traditionellen Rundhütten der Ureinwohner erinnern.

n hat es gedauert, bis der Blyde River die Schlucht aus dem roten Sandstein gefräst und so rwunder geschaffen hat. Heute kommen jedes Jahr Zehntausende, um es zu bewundern.

Einer der größten Vulkane der Erde: Der Pilanesberg hat einen Durchmesser von 25 Kilometern. T
er niemandem mehr einen Schrecken ein. Denn er ist schon vor Jahrmillionen erloschen.

Der Name war nicht gerade bescheiden gewählt für ein Projekt von Naturschützern, aber dieses Projekt war ja auch alles andere als bescheiden: »Operation Genesis« hieß der tollkühne Plan, im Nordwesten Südafrikas nichts weniger als die Schöpfung, Gottes Genesis, von Menschenhand zu wiederholen. Der Pilanesberg 150 Kilometer nordwestlich von Johannesburg, dessen

Flora und Fauna jahrhundertelang zerstört und geplündert worden waren, sollte in einer Generalstabsaktion wieder in die Wildnis verwandelt werden, die er einmal gewesen war. Vor weit mehr als einer Milliarde Jahren entstand dieser Berg durch vulkanische Aktivität, die drei nahezu perfekt konzentrische Kreise aus dem Inneren der Erde an die Oberfläche drückte. Mit einem Durchmesser von 25 Kilometern sind der Pilanesberg und seine Kreise einer der größten Vulkane dieser Art weltweit. Und weil zudem die Lava extrem langsam abkühlte, hatte sie genügend Zeit, viele Mineralien wie Chrom oder Platin auszubilden. Die fruchtbaren Lavaböden zogen früh Siedler an, die dem Berg jede Wildnis austrieben und ihn quasi domestizierten – bis die zweite Genesis kam.

cheuer wie eleganter Bewohner der afrikanischen Wildnis: die Schwarzfersenantilope mit ihren
drechselten Hörnern, die bei Pachtexemplaren einen Meter lang werden können.

PILANESBERG NP

Erst vertrieben, dann erfolgreich wieder angesiedelt: Im Pilanesberg-Nationalpark fühlen sich he
den, Bienenfresser, Gelbbauchgirlitze, Streifenschwalben und viele andere Tiere heimisch.

Mitte der 1970er-Jahre beschloss die Regierung, aus dem Pilanesberg eine Natur- und Touristenattraktion zu machen und dann als Nationalpark unter Schutz zu stellen. Man siedelte die Bauern um, besorgte sich in anderen Schutzgebieten Wildtiere und startete das größte Tierumsiedlungsprogramm, das es in jener Zeit auf der Erde gab. Rund 7000 Löwen, Leoparden, Nashörner, Elefanten und Büffel, Giraffen, Zebras, Krokodile, Flusspferde, Springböcke und Hyänen sowie unzählige Vögel, Amphibien und Reptilien wurden hierhergebracht, um das Rad der Zeit zurückzudrehen, bis es wieder an den ersten Tagen der Schöpfung angelangt war. Und man sah, dass es gut war.

heit ist das Warzenschwein gewiss nicht, das seinen wenig schmeichelhaften Namen seinen
verdankt. Und dennoch gibt es in der Natur auch für die hässlichsten Kreaturen Platz.

Südafrikas größter Nationalpark ist auch sein berühmtester und sein schönster noch dazu: Über von 20 000 Quadratkilometern erstreckt sich der Krüger-Park im Nordosten des Landes.

Niemals wieder in seinem Leben kann man mit unbefangener Begeisterung einen Zoo besuchen, wenn man einmal in seinem Leben den Krüger-Nationalpark gesehen hat. Denn man wird beim Anblick eines eingesperrten Löwen oder Elefanten immer wehmütig werden und sich zurückwünschen in dieses Wunderland. Der Park, der schon 1898 vom damaligen südafrikanischen Präsidenten Paul Krüger unter Schutz gestellt wurde und 1926 den Status eines Nationalparks erhielt, gleicht einem gigantischen Wildgehege, in dem die Wärter vergessen haben, die Gatter zu schließen. Denn selbst von den asphaltierten Straßen aus erspäht man die zoologische Vielfalt.

sse wie der Crocodile River, der Limpopo oder hier der Olifants durchziehen das Schutzgebiet.
ntum ist legendär, und dank rigoroser Kontrollen wird er immer größer.

Man sieht haushohe Giraffen, die sich wegen ihrer grotesken Größe wie in Zeitlupe fortbewegen; Nashörner mit Beinen wie Baumstämme, unter denen die Erde bebt; Horden von Pavianen, die mit der hinterhältigen Miene von Wegelagerern am Straßenrand herumlungern; Zebras, die immer wie überdimensioniertes Spielzeug aussehen; dazu Elefanten, Wasserbüffel, Impalas und Kudus und natürlich Löwen, die so träge in der Sonne liegen, als warteten sie auf die nächste Fütterung durch die Wärter. Aber wehe, sie nehmen Witterung auf und machen sich auf die Jagd. Dann erlebt man mit grausigem Schaudern, was das Gesetz des Stärkeren in der Natur bedeutet.

Die Königin auf ihrem Thron: Welche Tiere im Krüger-Nationalpark an der Spitze der Nahrungsk
weiß diese Löwin ganz genau – und präsentiert sich entsprechend selbstbewusst.

nde muss man haben: Der Madenhacker entfernt mit seinem kräftigen Schnabel nicht nur Para-
m Fell der Impalas. Er warnt seine Wirtstiere auch vor herannahenden Fressfeinden.

HLUHLUWE-UMFOLOZI GAME RESERVE

Weil auf dem Schwarzmarkt exorbitante Preise für ihr Horn gezahlt werden – 10 000 Dollar
gramm – hat die Erfolgsgeschichte der Nashornrettung bislang nur ein vorläufiges Happy End.

Viel hätte nicht gefehlt, und der Mensch hätte eine der ältesten Säugetierfamilien ohne Wimpernzucken ausgerottet. Seit 50 Millionen Jahren gibt es Nashörner auf der Erde, einst waren sie in Amerika ebenso verbreitet wie in Asien, Europa und ganz Afrika. Anfang des 20. Jahrhunderts aber gab es weltweit nur noch eine Handvoll Nashörner, die allesamt im Hluhluwe-Umfolozi-Schutzgebiet nördlich von Durban in Südafrika lebten. Endlich erkannte man den Ernst der Lage, fing die letzten Exemplare ein, brachte sie in Zoos und Nationalparks in aller Welt und begann ein Zuchtprogramm, das alle Erwartungen übertraf. Heute leben allein in Afrika wieder mehr als 10 000 Nashörner.

MARAKELE NP

eigen der afrikanischen Wildtiere ist im Marakele-Nationalpark in Südafrikas Waterberg Moun-
achten. Und zu den Stars des Parks gehören unzweifelhaft die vielen Elefanten.

Man muss nur ein paar Zahlen sprechen lassen, um die Imposanz des größten Landsäugetiers zu begreifen: Bis zu fünf Tonnen schwer und fast vier Meter hoch wird der Afrikanische Elefant, dessen Stoßzähne drei Meter lang und zwei Zentner schwer werden können. Seine Ohren sind enorme zwei Meter lang und werden pausenlos stark durchblutet, von annähernd 15 Litern pro Minute. Denn das ist die einzige Möglichkeit des Elefanten, seinen Hitzehaushalt zu regulieren. Und wenn er wütend wird, kann er bis zu 40 Kilometer pro Stunde rennen. Am imposantesten ist es aber immer noch, einen echten Elefanten in Nationalparks wie Marakele in freier Wildbahn zu sehen.

ISIMANGALISO WETLAND PARK

Vom Zulu-Wort »isimangaliso«, das Wunder bedeutet, leitet sich der Name des Nationalparks a
kanischen Ostküste ab. Und eine Wunderkammer der Natur ist das Schutzgebiet ohne Zweifel.

Wenn der südafrikanische Nationalheilige Nelson Mandela einen hymnischen Satz über einen Nationalpark in seiner Heimat sagt, dann kann das nur der endgültigen Heiligsprechung dieses Schutzgebiets gleichkommen. Über den Isimangaliso Wetland Park an der Ostküste von KwaZulu-Natal meinte der ehemalige Präsident: Dies sei der einzige Ort auf Erden, an dem das älteste und das größte Landsäugetier ein und dasselbe Ökosystem mit dem ältesten und dem größten aller Meeresbewohner teile – nämlich Nashorn und Elefant mit Quastenflosser und Wal. Neben diesen Tieren haben noch Abertausende anderer ihre Heimat in dem Schutzgebiet, in dem es jede erdenkliche Landschaftsform zu geben scheint. Sandstrände und Korallenriffe findet man hier ebenso wie Seensysteme, Sümpfe und Papyruswälder. Und da der Park auch noch genau auf der Grenze von Tropen und Subtropen liegt, leben in ihm auch alle Tiere aus diesen beiden Klimazonen von Pelikanen und Störchen über Flamingos und Reihern bis zu den unterschiedlichsten Arten von Reptilien und Amphibien. Etwas Vergleichbares findet man selbst in Südafrika nicht.

tendemokratie leben die Grünen Meerkatzen ganz gewiss nicht. Die dominanten Tiere dürfen satt fressen und lassen sich das Fell von den nachrangigen Artgenossen putzen.

BERGLAND VON LESOTHO

Der höchste ununterbrochene Wasserfall im südlichen Afrika: Erst nach 192 Metern schlägt da Maletsunyane Falls im Bergkönigreich Lesotho mit Donnergrollen auf dem Boden auf.

Wer dem Himmel ganz nah ist, steht nicht zwangsläufig vor den Toren des Paradieses. Diese leidvolle Erfahrung kennt das kleine Königreich Lesotho, das von Südafrika vollständig umschlossen wird. »The Kingdom in the Sky«, das Königreich im Himmel, nennt sich das Land stolz, und das mit aller Berechtigung. Denn Lesotho ist der am höchsten gelegene Staat der Erde. Kein einziger Punkt seines Territoriums befindet sich tiefer als 1000 Meter, vier Fünftel liegen sogar höher als 1800 Meter. Und dass der höchste Berg des Landes, der 3482 Meter messende Thabana Ntlenyana, gleichzeitig der höchste Punkt des südlichen Afrika ist, versteht sich da fast von selbst. Es ist eine fantastische Kulisse voller schneebedeckter Gipfel und rauschender Wasserfälle, schwindelerregender Schluchten und majestätischer Hochebenen. Doch diese Schönheit hat ihren Preis: Der Boden ist karg, es fällt kaum Niederschlag, und oft pfeift ein beißender Wind über die Felder – alles andere als gute Voraussetzungen für die Landwirtschaft. Deswegen leiden die Menschen oft Hunger. Den Besuchern aber bleibt zumindest die beinahe überirdische Schönheit Lesothos.

i sollte man unbedingt sein, wenn man den Sani-Pass zwischen Lesotho und Südafrika befährt.
hotterweg hinunter in die Tiefe gehört zu den drei steilsten Passstraßen der Welt.

Dichter Wald, flaches Land, zartes Grün: Das Hochland von Manica in Mozambique an d
Zimbabwe ist eine gesegnete Gegend, die man als westlicher Tourist fast für sich allein hat.

Noch ist Mozambique die große Unbekannte im südlichen Afrika, eine verlorene Welt, die im tiefen Schatten von Südafrika, Namibia oder Botswana steht und für die meisten Touristen eine Terra incognita ist. Nicht zuletzt wegen seiner blutigen Kolonialgeschichte und den Irrungen eines sozialistischen Regimes ist das Land bisher ein weißer Fleck auf der Landkarte des Fremdenverkehrs. Die wenigen Besucher aber, die sich in den südostafrikanischen Staat verirren, bereuen ihre Reise gewiss nicht. Denn Mozambique hat alles zu bieten, was es auch bei seinen berühmteren Nachbarn gibt – nur in einem viel ursprünglicheren, wilderen, unberührteren Zustand.

ugiesischen Kolonialherren war das Hochplateau ein willkommenes Refugium vor der mörderi-
und Feuchtigkeit des Flachlands. Und ihre Spuren sind hier bis heute nicht verwischt.

Zu den Höhepunkten jeder Mozambiquereise gehört ohne Zweifel die Region Manica im Westen des Landes, die auf 750 Meter Höhe liegt und mit ihrem angenehm milden Klima schon die portugiesischen Kolonialherren anzog. Hier entspringen viele jener Flüsse, ohne die es in Mozambique kaum Leben gäbe. Und hier kann man eigenartige Felsformationen wie die »cabeća do velho« bestaunen, den »Kopf des alten Mannes«. Er wurde unweit der Stadt Chimoio von der Erosion aus dem Stein gemeißelt und sieht tatsächlich einem Menschenkopf täuschend ähnlich. Die Menschen in Manica verehren ihn als heiligen Mann und bitten ihn in trockenen Jahren um Regen – mit Erfolg.

INDISCHER OZEAN

Um die Inseln im Indischen Ozean haben sich die meisten Menschen lange Zeit kaum geschert. Anders als die Südsee waren sie nicht die Sehnsuchtsorte zivilisationsmüder Europäer und im Gegensatz zur Karibik nie ein umkämpftes Streitobjekt der Kolonialmächte. Stattdessen lagen die Malediven, Seychellen und Komoren still und friedlich in den Weiten des Ozeans und mussten ihre Schönheit nur mit dem Wind, den Möwen und den wenigen Einwohnern teilen. Doch auf Dauer kann so viel Schönheit nicht verborgen bleiben. Und heute weiß man von den Inseln des Indischen Ozeans: So sehen Vorahnungen des Paradieses aus.

Der Coquerel-Sifaka ist eine nach dem französischen Naturforscher Charles Coquerel benannte
die nur im Nordwesten Madagaskars vorkommt, vor allem an den Ufern des Betsiboka-Flusses.

Madagaskar ist die Insel der Lemuren. Nur hier kommen diese Primaten vor, die man früher als Halbaffen bezeichnete und die ganz und gar erstaunliche Tiere sind. So gibt es eine Lemurenart, den Berthe-Mausmaki, der gerade einmal 30 Gramm schwer wird und damit der kleinste Affe überhaupt ist. Die größten Lemuren, die Indri, können hingegen bis zu zehn Kilogramm wiegen – und sind

damit immer noch Winzlinge im Vergleich zu ihren ausgestorbenen Vorfahren, die es auf imposante 200 Kilogramm brachten. Die Indri lieben das Sonnenbaden und werden deswegen von der lokalen Bevölkerung als heilige Tiere, als Geschöpfe des Sonnengottes, verehrt. Fettschwanzmakis dagegen besitzen die Fähigkeit, während der Regenzeit Fettreserven für die karge Trockenzeit anzulegen, und zwar in ihrem Schwanz. Und sie können in eine kurzzeitige Starre fallen, um Energie zu sparen. Mit der Moral nehmen es die Fettschwanzmakis allerdings nicht so genau, vor allem die Weibchen nicht. Diese Lemurenart lebt zwar in Gemeinschaften aus Paaren, doch die Weibchen, die ohnehin die Geschicke der Gruppe bestimmen, gehen gerne einmal fremd.

Kilometer lange Fluss, der tonnenweise rote Sedimente ins Meer trägt, mündet in einem riesigen
onauten sagen, dass man vom Weltraum aus meinen könnte, Madagaskar blute im Ozean aus.

Grünes Wunderland, kunstvoll dekoriert mit schäumendem Weiß: Bis zu achtzig Meter hoch sind d
ten Wasserfälle des Nationalparks Montagne d'Ambre im hohen Norden von Madagaskar.

Selbst für hartgesottene französische Kolonialbeamte war Madagaskar ein schwieriges Terrain. Die Widerspenstigkeit der Madagassen war legendär, und vor dem heißen, feuchten Tropenklima gab es kaum ein Entrinnen. Eines der ganz wenigen Refugien für derart leidende Europäer auf der viertgrößten Insel der Welt war der Montagne d'Ambre, der Bernsteinberg ganz im Norden. Er ist ein

Wunderwald mit bis zu 40 Meter hohen Bäumen, die manchmal Bernsteinharz ausweinen und bis heute zahllosen Tieren Schutz vor den Begehrlichkeiten der Menschen gewähren. Allein 77 Vogel- und sieben Lemurenarten leben in dem Gebiet, das seit 1958 als Nationalpark geschützt ist, dazu viele verschiedene Geckos, Chamäleons, Tropenfrösche und Würgeschlangen, die in Bäumen auf ihre Opfer lauern. Wie eine verwunschene Märchenwelt wirkt dieses Naturreservat, das nicht nur für Palisanderbäume und Riesenfarne berühmt ist, sondern auch für seine Wasserfälle und Kraterseen. Doch das Beste für geplagte Europäer ist: Der Nationalpark des Bernsteinbergs liegt zwischen 850 und 1500 Meter Höhe – und ist selbst im Hochsommer herrlich frisch.

chwanzgecko nimmt nicht nur die Farbe der Baumrinde an, sondern scheint geradezu ein Teil von
den zu sein. Doch nicht alle Räuber lassen sich täuschen.

Drei Stunden von der madagassischen Hauptstadt Antananarivo entfernt, liegt eine Wundertüte der Andasibe-Mantadia-Nationalpark, in dem es allein mehr als 100 Orchideenarten gibt.

Wenn früh am Morgen oder im letzten Licht der Dämmerung unheimliche Rufe durch den Dschungel Madagaskars hallen, halb Sirenengesang, halb Klagelaut, zuckt man unwillkürlich zusammen, weil man die Totengeister zu hören glaubt – die Seelen der Verstorbenen, die keinen Frieden finden und die Lebenden mit ihrem flehentlichen Gesang um Hilfe bitten. Und es singen hier tatsächlich Lemuren, die Totengeister der römischen Religion, nur dass diese Lemuren keine Gespensterwesen sind, sondern kleine Primaten, die man wegen ihrer nächtlichen Lebensweise und der riesengroßen Augen nach den Lemuren Roms benannt hat. Besonders viele von ihnen leben im Andasibe-Mantadia-Nationalpark im Osten Madagaskars nahe der Hauptstadt Antananarivo. Er beherbergt nicht nur die größte Population des Indri-Lemurs, des größten Vertreters dieser Art, sondern noch ein Dutzend weitere Mitglieder aus der Familie der Feuchtnasenaffen. Böses führen diese Primaten nicht im Schilde, dennoch haben sie eine Aura, die sie von anderen Affenarten unterscheidet. Sonst würden die Menschen auf Madagaskar die Lemuren nicht als heilige Tiere verehren.

grünen Zauberreich findet man Sperber, Chamäleons, Geckos, Frösche und vor allem Lemuren,
tenart, die nur auf Madagaskar und einer Handvoll benachbarter Inseln vorkommt.

TSINWY DE BEMARAHA NATURE RESERVE

Seine ungezählten silbergrauen Kalksteinnadeln machen den Tsinwy de Bemaraha-Nationalpark
diosesten Naturschauspiel Madagaskars. Selbst die vielen Lemuren des Parks werden da zweitra

Auch die Natur baut sich manchmal ihre Kathedralen. Und ihre spektakulärste hat sie im Westen Madagaskars errichtet, ein natürliches Baukunstwerk aus Tausenden von Kalksteintürmen, auf die jede gotische Kathedrale neidisch sein muss. Diese schlanken Türme stehen im Naturschutzgebiet Tsinwy de Bemaraha, ragen bis zu 100 Meter in den Himmel, werden von rauschendem Urwald umrahmt und sind absolut einzigartig auf der Erde. »Den Wald der scharfen Steine« nennen die Einheimischen auch diese Sensation, die zahllosen seltenen Tierarten eine Heimat bietet und völlig zu Recht zum Weltnaturerbe der Menschheit zählt – was sonst, wenn nicht dieses Gotteshaus der Natur!

mal 30 Zentimeter groß und maximal ein Kilogramm schwer wird der Bambuslemur. Trotzdem ist
ehrte Beute von Greifvögeln und Schlangen wie der Madagaskar-Hundskopfboa.

Vom Dschungel über Bergregenwälder bis zu kargen Hochgebirgslandschaften: All das find
Andringitra-Nationalpark im Südosten von Madagaskar, der zum UNESCO-Weltnaturerbe zählt.

»Mora, mora« lautet das Lebensmotto Madagaskars, was so viel wie »langsam, langsam« oder »immer mit der Ruhe« bedeutet. Und dieses Motto ist keine leere Versprechung, sondern tatsächlich der bestimmende Alltagsrhythmus auf einer Insel, auf der Hetze oder Zeitdruck so gut wie unbekannt sind. Schnell kommt man hier nie voran, für 200 Kilometer im Sammeltaxi kann man

schon einmal sechs Stunden veranschlagen. Und doch hat diese Langsamkeit auch Vorteile. Sie zähmt die Ungeduld, die in der modernen Welt manchmal zur Plage werden kann, sie lehrt uns den genauen, geduldigen Blick auf die Welt. Und wenn diese dann so großartig aussieht wie der Andringitra-Nationalpark im Südosten der Insel, ist man hocherfreut, keine Eile haben zu müssen.

Denn das 100 Kilometer lange Andringitra-Gebirge, das sich bis zu 2600 Meter hoch auftürmt, ist eine prall gefüllte Schatzkiste der Natur, in der sich allein 50 verschiedene Säugetierarten und 1000 Pflanzenarten drängeln. Viele von ihnen sind endemisch, kommen also nur hier vor. Und kein einziges der Tiere scheint es eilig zu haben – genauso wie die Menschen auf Madagaskar.

r catta zählt zu den charakteristischsten Bewohnern des Nationalparks. Und er ist vergleichs-
ht zu sehen, denn im Gegensatz zu den meisten anderen Lemuren ist er tagaktiv.

So tarnt man sich erfolgreich im Dschungel: Dieser Riesen-Blattschwanzgecko im Masoala-Natio
Nordosten Madagaskars ist kaum von seinem Untergrund zu unterscheiden.

Klein-Madagaskar liegt dort, wo man es am wenigsten vermuten würde: am Fuß der Alpen, mitten im Zoo von Zürich, in dem es seit 2003 ein Regenwaldhaus gibt, das nicht nur wegen seiner Größe in Europa einmalig ist. Denn es bildet – sozusagen originalgetreu – den Masoala-Urwald in Madagaskar ab, den größten noch zusammenhängenden Regenwald auf der viertgrößten Insel der Welt. Das ist kein Zufall, schließlich gibt es seit Jahren enge Beziehungen zwischen dem Züricher Zoo und dem Masoala-Nationalpark. So unterstützt der Zoo viele ökologische und soziale Projekte in diesem Teil Madagaskars und trägt nicht unwesentlich zur Finanzierung des Schutzgebiets bei.

Scheinwerferaugen: Nur in den Regenwäldern im Osten Madagaskars wie dem Masoala-Natio-
nirgendwo sonst auf der Erde kommt der Rote Vari aus der Familie der Lemuren vor.

Und Schutz hat der größte Nationalpark Madagaskars wahrlich verdient. Denn er ist eine Schatztruhe der Natur voller seltener Tier- und Pflanzenarten, von denen viele auch noch endemisch sind, also nur hier vorkommen. Allein zehn Lemuren-Arten leben in Masoala, dazu Chamäleons, Tomatenfrösche und der Madagaskar-Schlangenhabicht, den man für ausgestorben hielt, bis er hier gesichtet wurde. Doch Masoala ist auch ein hochgefährdeter Schatz, weil skrupellose Holzfirmen in ihrer Gier nach Rosenholz und Ebenholz auf das fragile Ökosystem keine Rücksicht nehmen. Sollten sie eines Tages ihr Zerstörungswerk vollenden, bliebe uns immerhin noch Klein-Madagaskar.

Auch Affen kuscheln gern: Diese Larvensifakas aus der Primatenfamilie der Lemuren, die nur in des südwestlichen Madagaskar vorkommen, scheinen sich wirklich sehr gerne zu haben.

Jean de Heaulme war ein Mann ohne Skrupel. Er plünderte gnadenlos die Natur in seiner Heimat Madagaskar, rodete riesige Flächen Urwald, legte Sisal- und Zuckerrohrplantagen an, wurde ein reicher Mann und bekam eines Tages ein schlechtes Gewissen. Deswegen schuf er 1936 auf seinen Ländereien ein privates Naturschutzgebiet, an das niemals auch nur ein Mensch Hand anlegen sollte. Das war der Wille des Patriarchen, und so entstand die Berenty Reserve, die heute wegen ihrer Tamarindenwälder und ihrer unzähligen Bewohner an Halbaffen zu den größten Attraktionen Madagaskars gehört – die letzte und vielleicht einzige gute Tat des Jean de Heaulme hat sich ausgezahlt.

sind die Lemuren wie diese Kattas scheue Tiere, die sich fast nie den Menschen zeigen. In der
serve in Madagaskar sitzen sie allerdings so frech in den Bäumen wie Spatzen.

Eine zerklüftete Insel voller einsamer Buchten, die von farbenfrohen Kränzen aus Korallenriffen g
werden: Das französische Übersee-Departement Mayotte ist ein Traum im Indischen Ozean.

adies unter französischer Verwaltung: Ganz offiziell sind Fledermaus, Gecko und Seychellen-
st-Brillenvogel Bewohner der Europäischen Union, auch wenn sie auf Mayotte leben.

Die Völker des südlichen Afrika hatten mit dem Meer nie viel im Sinn. Vielleicht ist ihre Erde einfach zu schön, um zum Seefahrervolk zu werden. So haben sie jahrhundertelang keine Ahnung von den Perlen gehabt, die vor ihrer Küste liegen – zum Beispiel von Mayotte und den anderen Inseln des Komoren-Archipels am Nordrand der Straße von Mozambique. Obwohl es nur einen Katzensprung vor der Landmasse Ostafrikas entfernt liegt, wurde es erst um das Jahr 1000 besiedelt – und zwar von arabischen Seefahrern und Kaufleuten. Später kamen Portugiesen, noch später Franzosen, die Mayotte 1841 dem herrschenden Sultan Adriantsouli für 1000 Piaster jährliche Leibrente abkauften und zu einer Kolonie ihres Reiches machten. Eine Schreckensherrschaft scheint es nicht gerade gewesen zu sein. Denn als die Komoren 1974 ihre Unabhängigkeit erlangten, sprach sich Mayotte als einzige Insel für einen Verbleib bei Frankreich aus. So ist dieses tropische Wunderland mit all seiner Üppigkeit heute offiziell ein französisches Übersee-Departement und als solches ein Teil der Europäischen Union – es ist gewiss nicht ihre hässlichste Ecke.

So schön und unberührt ist Mauritius nur ganz selten. Die Tamarin-Bucht mit dem emblematis
Rempart entschädigt aber allemal für die Enge und Hektik auf der extrem dicht besiedelten Insel.

Es gibt nicht wenige Besucher, die enttäuscht sind von Mauritius. Sie kommen auf die Insel im Indischen Ozean und erwarten das Urbild paradiesischer Unberührtheit, einen Ort wie ein irdisches Abbild des Garten Eden. Doch das ist Mauritius nicht, sondern ein dicht besiedelter Klecks im Meer, 60 Kilometer lang, 40 Kilometer breit, bewohnt von einer Million Menschen, überzogen von

Plantagen und einem dichten Netz an Kleinbetrieben, gehüllt eher in Verkehrslärm als in paradiesische Stille. Mauritius ist aber trotzdem ein lohnendes Ziel. Denn hier kann man sehen, wie die Menschheit in Zukunft zusammenleben wird, wie es sehr viele Menschen unterschiedlicher Rassen und Religionen friedlich auf engstem Raum miteinander aushalten. Hier wohnen Inder und Chinesen Haustür an Haustür mit Weißen und Schwarzen, es gibt in ein und demselben Dorf Christen, Muslime, Buddhisten und Sikhs, man spricht Französisch, Englisch oder Mandarin und gerät sich selten in die Haare. Und allmählich verschwinden die Grenzen, Respekt wird hier nicht an bestimmten Ethnien und Religionen festgemacht, er gilt einzig dem Menschen selbst.

ramatischsten Momente der Inselwelt von Mauritius: Der Chamarel-Wasserfall im Südwesten des
rzt sich 100 Meter in die Tiefe – und die Bäume schauen ihm dabei andächtig zu.

Eine Kulisse wie aus Steven Spielbergs Dinosaurierfilm »Jurassic Parc«: Urzeitechsen gibt es zw
französischen Übersee-Departement La Réunion, der dramatischsten Insel im Indischen Ozean.

Erdgeschichte ist hier trotzdem ungeheuer präsent. Denn die Insel, die erst vor drei Millionen
Vulkanen geboren wurde, wächst immer noch unter Donnern und Grollen weiter.

Vulkankrater, selbst erloschene, verbreiten meist Angst und Schrecken, weil sie immer ein Menetekel der Zerstörung sind. Auf der Insel La Réunion im Indischen Ozean blickt man dagegen in eine der Calderas in einen Garten Eden auf dem Grund des Vulkans, behütet von himmelhohen Kraterwänden, die wie eine versteinerte Brandung aussehen oder wie die Zinnen einer Burg aus Lava. Im Schutz der Caldera wuchert eine kaum zu bändigende Natur, die Früchte und Knollen schneller wachsen lässt, als man sie ernten kann. Orangen und Mangos fallen von den Bäumen wie anderswo Blätter, während Jacarandas und hundertjährige Kamelien dieses Schlaraffenland dekorieren.

Leuchtend grüne Kokospalmen, die sich vor einem blütenweißen Strand und einem türkisfarb verneigen: Diese Kulisse ist auf den Malediven kein fernes Sehnsuchtsbild, sondern Inselalltag.

Die Insel Vilingili im Addu-Atoll hält den stolzen Landesrekord. Sie ragt exakt 2,4 Meter über den Meeresspiegel und kann damit für sich in Anspruch nehmen, der am höchsten gelegene Punkt der Malediven zu sein. Doch so recht froh wird die Inselgruppe im Indischen Ozean mit dieser Bestmarke nicht. Denn sie könnte das Todesurteil für die Malediven bedeuten, wenn der Klimawandel nicht gestoppt wird und der Meeresspiegel weiter steigt. Fast alle der knapp 1200 Inseln des Archipels liegen nur einen Meter über der Wasseroberfläche und wären selbst bei einem minimalen Anstieg des Ozeanpegels nicht zu retten. Deswegen gehören die Malediven zu den lautesten Warnern vor einem ungebremsten Ausstoß von Treibhausgasen. Die Menschen dort – und längst auch Millionen von Touristen – wissen allzu gut, was auf dem Spiel steht: eine ebenso paradiesische wie fragile Welt aus Sandstränden, Palmenhainen und Korallenriffen, die wunderbare Fluchten aus dem Lärm des Alltags erlaubt und uns zumindest für ein paar Tage den Eindruck vermittelt, als habe die Erde ihre Unschuld noch nicht verloren. Es ist eine schöne Illusion – und die Malediven sind ihr Gesicht.

e Welt an Land nicht schon schön genug: Die wahre Überwältigung und ganze Pracht der Natur
e Besucher der 1200 Inseln mitten im Indischen Ozean erst unter Wasser.

Ist der Mensch wirklich aus dem Paradies vertrieben worden? Wenn man an einem der Strär
Malediven liegt und sich von der Brandung in Trance wiegen lässt, könnte man daran zweifeln.

cht wähnt man sich im Garten Eden, wenn man sich in einem der vielen Luxusresorts auf dem
ch allen Regeln der Kunst verwöhnen lässt. Dann ist das wunschlose Glück ganz nah.

SEYCHELLEN

Aus 115 Inseln bestehen die Seychellen, die zwar weit draußen im Indischen Ozean liegen, geog zu Afrika gehören. Und zu sagen, welche dieser Inseln die schönste sei, ist einfach unmöglich.

Jedes Klischee von der Schönheit der Seychellen ist eine perfide Untertreibung. Wie riesenhafte granitene Schwanzflossen ragen diese Inseln aus dem Indischen Ozean, grau wie die Haut eines Wals, grün übergossen von einem tropischen Füllhorn mit Bougainvilleen, Orchideen, Hyazinthen, duftend nach Jasmin und Vanille, bevölkert nur von freundlichen Lebewesen, die dem Menschen nichts Böses tun. Es gibt keine Giftschlangen, keine Skorpione, keine Vogelspinnen, stattdessen nur lustige Vögel wie den Dickschnabelbülbül oder die Warzenfruchttaube, die so unentwegt in den Wäldern schnattern, dass man sich fragt, was sie denn so Wichtiges zu besprechen haben. Wie Sturzbäche aus Chlorophyll prasseln die Wälder von den Bergen zur Küste herunter, um dann kurz vor dem Wasser von Granitbrocken aufgehalten zu werden, die sich schützend um winzige, wundersam einsame Strände mit einem Sand so fein und golden wie Maismehl legen. Gerade einmal zwei verliebte Menschen haben in diesen Miniaturbuchten Platz, und es gibt so viele davon, dass man glaubt, auf der ganzen Welt gebe es nicht genug Liebe, um sie alle zu füllen. Jeder, der die Seychellen betritt, spürt sofort diese Sehnsucht nach der Sehnsuchtslosigkeit in sich aufsteigen. Man vollführt eine Vollbremsung aus der abendländischen Daseinshochgeschwindigkeit und unterwirft sich freiwillig der süßen Monotonie des Archipels. Sehr schnell erlernt man die Kunst des Nichtstuns jenseits der Langeweile und lässt sich von der Trägheit der Tropen anstecken.

liffene Felsen aus weichem, zartem Stein, eingefasst vom Wasser wie mächtige Edelsteine: So
trände auf den Seychellen aus, so schön, dass man bei ihrem Anblick fast weinen will.

Abkürzungen:
A Alamy, C Corbis, G Getty, L Laif, M Mauritius, H Huber

Cover: Front oben: L/ChristianHeeb, unten: C/Frans Lanting; Back oben: M/A, unten: M/age;
Umschlagklappe, von oben: C/M. Harvey, G/A. Shah, G/ C. Henning, C/K. Nomachi, G/S. Gorshkov
S. 002/003 C/Martin Harvey, S. 004 C/Keren Su , S. 005 C/Anup Shah, S. 006 L/Michael Martin, S. 007 C/Ocean, S. 008/009 A/Tom Mackie, S. 010 C/Martin Harvey, S. 011C/Richard Du Toit, S. 012 C/Roger De La Harpe, S. 013 G/Siegfried Layda, S. 014/015, M/Michael Müller, S. 016/017 A/imagebroker, S. 018/019 G/Wim van den Heever, S. 020 C/Chris Gray, S. 021 C/Tim Davis, S. 020/021 A/Ben Pipe, S. 022 G/David Deveson, S. 022 C/Alexandra Boulat, S. 023, G/Bernardo Ricci Armani, S. 024 C/Guido Cozzi, S. 024 C/Wigbert Röth, S. 025 C/Wigbert Röth, S. 026/027 G/Adrian J Warren, S. 028 C/Wigbert Röth, S. 029 Geospace/Eurimage, S. 030/031A/Yuri Afanasiev, S. 032 G/Michele Falzone, S. 033 C/Lee Frost, S. 034 C/Kazuyoshi Nomachi, S. 035 Geospace/Eurimage, S. 036 C/Sebastien CAILLEUX, S. 037Geospace/Eurimage, S. 038 C/Konrad Wothe, S. 038 G/Franck Guiziou, S. 039 G/Franck Guiziou, S. 040 C/Frank Krahmer, S. 040 A/MELBA PHOTO AGENCY, S. 041 A/DPK-Photo, S. 042 C/Frank Krahmer, S. 043 C/ Frank Krahmer, S. 044 A/M, S. 045 G/NASA, S. 046 G/ Mansour Ali Photography, S. 047 C/Frank Lukasseck, S. 047 C/Konrad Wothe, S. 048 C/George Steinmetz, S. 049 C/George Steinmetz, S. 050 Look/Reinhard Dirscherl, S. 050 A/Tracey gibbs, S. 051 A/B. O'Kane, S. 052 G/AR, S. 052 G/Michele Falzone, S. 052 Look/Reinhard Dirscherl, S. 053 C/Bryan Allen, S. 054 G/Borat Furlan, S. 055 G/Luis Javier Sandoval, S. 055 G/Luis Javier Sandoval, S. 055 G/Luis Javier Sandoval, S. 055 G/Luis Javier Sandoval, S. 055 G/Borat Furlan, S. 055 G/ Borat Furlan, S. 055 G/Borat Furlan, S. 055 G/Borat Furlan, S. 055 G/Reinhard Dirscherl, S. 056 LOOK/age fotostock, S. 056 M/peter schickert, S. 056 H/Spila Riccar, S. 057 G/Stocktrek RF, S. 058 C/Atlantide Phototravel, S. 059 C/Atlantide Phototravel, S. 060 L/Michael Martin, S. 061C/© Yann Arthus-Bertrand, S. 062 Look/age-fotostock, S. 063 G/Satellite Aerial Images, S. 064 C/Stefano Amantini, S. 064 G/ De Agostini, S. 064 A/Titti Soldati, S. 065 G/Satellite Aerial Images, S. 066 C/George Steinmetz, S. 066 C/George Steinmetz, S. 066 C/George Steinmetz, S. 067 C/George Steinmetz, S. 067 A/Titti Soldati, S. 068 Geospace/EDC, S. 069 Geospace/EDC, S. 070 G/Mike D. Kock, S. 070 C/Michael Freeman, S. 072/073 A/MJ Photography, S. 074 G/Gyssels, S. 074 G/Gyssels, S. 075 C/Aldo Pavan, S. 076 C/Frans Lanting, S. 076 C/Frans Lanting, S. 077 C/Frans Lanting, S. 078 C/Frans Lanting, S. 078 C/Frans Lanting, S. 078 C/Frans Lanting, S. 078 C/Frans Lanting, S. 078 C/Frans Lanting, S. 078 A/ZUMA Press, Inc., S. 079 C/Frans Lanting, S. 080 A/Westend61 GmbH, S. 081 G/Satellite Aerial Images, S. 082 G/Photo Researchers, S. 082 G/Michael K. Nichols, S. 083 C/Cyril Ruoso/JH Editorial, S. 084 G/Cyril Ruoso, S. 085 C/Cyril Ruoso/JH Editorial, S. 086 C/Cyril Ruoso/ JH Editorial, S. 087 C/Cyril Ruoso, S. 088 G/National Geographic, S. 088 G/Tim Laman, S. 088 G/Tim Laman, S. 088 G/Tim Laman, S. 088 A/Greenshoots Communications, S. 089 G/Tim Laman, S. 089 G/Tim Laman, S. 089 G/Ian Nichols, S. 089 G/Tim Laman, S. 090 G/Per-Gunnar Ostby, S. 090 G/Michael Nichols, S. 090 G/Michael Nichols, S. 090 G/Michael Nichols, S. 090 G/Michael Nichols, S. 090 G/Michael Nichols, S. 091 G/Michael Nichols, S. 092 G/Robert J. Ross, S. 092 G/Patricio Robles Gil, S. 092 G/Cyril Ruoso, S. 092 G/Michael K. Nichols, S. 092 G/Michael K. Nichols, S. 092 G/Michael K. Nichols, S. 093 G/Per-Gunnar Ostby, S. 094 A/Gallo Images, S. 094 G/Michael Nichols, S. 095 G/Michael Nichols, S. 096 G/Cyril Ruoso/JH Editorial, S. 097 G/Martyn Colbeck, S. 097 C/John Giustina, S. 097 C/Cyril Ruoso, S. 097 C/Cyril Ruoso, S. 097G/Art Wolfe, S. 097 C/David A. Northcott, S. 097 C/David A. Northcott, S. 099 G/Dr.John Michael Fay, S. 100 C/Anup Shah, S. 101 C/Anup Shah, S. 102 C/Anup Shah, S. 102 C/Anup Shah, S. 102 C/Anup Shah, S. 102 C/Anup Shah, S. 103 G/Ian Nichols, S. 104 G/Randy Olsen, S. 105 G/Anup Shah, S. 106 C/Yannick Tylle, S. 107 C/NASA, S. 108 C/Carsten Peter, S. 108 C/Carsten Peter, S. 108 C/Carsten Peter, S. 108 C/Carsten Peter, S. 108 C/Carsten Peter, S. 109 G/Tom Pfeiffer, S. 110 C/George Steinmetz, S. 110 C/Last Refuge, S. 111 G/Rebecca Yale, S. 111 A/Luke MacGregor, S. 112 C/Ocean, S. 112 C/Suzi Eszterhas, S. 113 C/Paul Souders, S. 113 A/Nick Greaves, S. 114 LOOK/age fotostock, S. 115 LOOK/age fotostock, S. 116 M/age, S. 116 M/age, S. 117 G/Nigel Pavitt, S. 117 G/Martin Zwick, S. 117 C/Eddi Boehnke, S. 117 C/Kazuyoshi Nomachi, S. 117 C/Thomas Marent, S. 117 C/Gerry Ellis, S. 117 A/Arco Images GmbH, S. 118 LOOK/age fotostock, S. 118 C/Paul Souders, S. 119 LOOK/age fotostock, S. 120 G/Mike D. Kock, S. 120 C/Ocean, S. 121 C/Ocean, S. 121 A/Diponkar Banerjee, S. 122 G/Ariadne Van Zandbergen, S. 122 G/Eric Nathan, S. 123 G/Jason Edwards, S. 124/125 G/Richard Du Toit, S. 126 C/Guido Cozzi, S. 126 G/Tom Pfeffer, S. 126 A/ Prisma Bildagentur AG, S. 126 A/Prisma Bildagentur AG, S. 127 G/Carsten Peter, S. 128/129 C/Guido Cozzi, S. 130 C/Guido Cozzi, S. 131 C/Martin Rietze, S. 132G/Carsten Peter, S. 133 G/Bobby Haas, S. 134 C/Anup Shah, S. 134 C/Mary Ann McDonald, S. 134 C/Anup Shah, S. 134 C/Gavin Hellier, S. 134 C/Gavin Hellier, S. 134 M/Stefan Auth, S. 135 G/Harry Hook, S. 136/137 M/age, S. 138 M/age, S. 139 A/Papilio, S. 140 Premium, S. 140 G/Amar Grover, S. 141 Geospace/EDC, S. 142 C/Guido Cozzi, S. 142 C/Guido Cozzi, S. 143 C/Guido Cozzi, S. 144 G/Richard Du Toit, S. 145 G/Nigel Pavitt, S. 145 G/Nigel Pavitt, S. 145 C/Martin Harvey, S. 146 C/Martin Harvey, S. 147 G/Paul & Paveena Mckenzie, S. 148 C/Martin Moxter, S. 149 C/Winfried Wisniewski, S. 149 C/Martin Harvey, S. 149 C/DLILLC, S. 149 C/Theo Allofs, S. 149 C/Ocean, S. 149 C/Mary Ann McDonald, S. 150 C/Peter Barritt, S. 151 C/DLILLC, S. 152/153 G/Nigel Pavitt, S. 154 G/Nigel Pavitt, S. 154 C/O. Alamany & E. Vicens, S. 155 G/Gerard Soury, S. 155 G/Gerard Soury, S. 155 C/Tui De Roy, S. 155 C/Tui De Roy, S. 155 C/Tui De Roy, S. 156/157 G/Nigel Pavitt, S. 158 G/Richard Du Toit, S. 159 G/Paul & Paveena Mckenzie, S. 160/161 G/Nigel Pavitt, S. 162 C/Ingo Arndt, S. 163 C/Martin Harvey, S. 164/165 G/Nigel Pavitt, S. 166 A/FLPA, S. 167 G/Panoramic Images, S. 167 A/Wendy Conway, S. 167 G/altrendo nature/Altrendo, S. 167 A/Danita Delimont, S. 167 A/Ainars Aunins, S. 167 A/Danita Delimont, S. 167 A/FLPA, S. 167A/FLPA, S. 167 A/Rakesh Dhareshwar, S. 168 C/Jim Zuckerman, S. 169 C/Chris Upton, S. 170/171 C/Paul Souders, S. 171 G/Paul Souders, S. 171 A/Paul Souders, S. 171 A/WorldFoto, S. 172/173 M/Steve Bloom, S. 173 G/Adam Jones, S. 173 G/Robin Moore, S. 173 A/Wendy Conway, S. 174 G/Luis Davilla, S. 175 G/William Davies, S. 176 C/Martin Harvey, S. 177 A/Martin Harvey, S. 178 G/Winfried Wisniewski, S. 179 G/Elliott Neep, S. 180 G/Federico Veronesi, S. 181 C/Martin Harvey, S. 182 G/Nigel Pavitt, S. 182 A/Maximilian Weinzier, S. 183 C/Sergio Pitamitz, S. 184 G/Daryl Balfour, S. 184 G/Nigel Pavitt, S. 184 G/Achim Mittler, S. 185 G/Nigel Pavitt, S. 186 A/Ulrich Doering, S. 187 C/DLILLC, S. 188 C/Kazuyoshi Nomachi, S. 188 G/David Poole, S. 189 Geospace/EDC, S. 190/191G/Johnathan Ampersand Esper, S. 192 A/Danita Delimont, S. 193 C/Kevin Schafer, S. 194 C/Frans Lanting, S. 195 C/Joe McDonald, S. 196 G/Nicholas Parfitt, S. 196 C/Remi Benali, S. 197 C/Frans Lanting, S. 198/199 A/SuperStock, S. 200 C/Nigel Pavitt, S. 201G/Ben Cranke, S. 201 G/Carsten Peter, S. 202 G/Michael Poliza, S. 203 A/Stocktrek Images, Inc., S. 204 C/Gerry Ellis, S. 205 C/NASA, S. 206 C/Kazuyoshi Nomachi, S. 207 C/George Steinmetz, S. 208 G/Caren Brinkema, S. 208 G/Panoramic Images, S. 208 G/Panoramic Images, S. 208 G/Panoramic Images, S. 208 PhotoStock-Israel, S. 208 A/Anton Rothwell Wildlife, S. 208 C/Brian A. Vikander, S. 209 G./Adam Jon, S. 210 A/sam oakes, S. 211 A/sam oakes, S. 212 G/Michael Poliza, S. 213 G/Nigel Pavitt, S. 214/215 L/Christian Heeb, S. 216 C/Mark Hannaford, S. 216 A/Jason Gallie, S. 217 C/Frans Lanting, S. 218 G/Per-Gunnar Ostby, S. 218 C/Ocean, S. 219 G/Per-Gunnar Ostby, S. 220 G/Ben Cranke, S. 221 WILDLIFE/S.Muller, S. 222 C/David Fettes, S. 223 C/David Fettes, S. 224 C/Jim Zuckerman,S. 225 C/Roy Toft, S. 226 L/Le Figaro Magazine, S. 227 Getty/Steve Corner, S. 228 G/Wim van den Heever, S. 229 G/Dave Hamman, S. 230 G/Wim van den Heever, S. 231C/George Steinmetz, S. 232 G/Thorsten Milse, S. 233 C/Gerry Ellis, S. 233C/Theo Allofs, S. 233 C/Paul Souders, S. 234 G/Richard Du Toit, S. 235 G/Richard Du Toit, S. 236 C/Flavio Pagani, S. 236 C/Paul Souders, S. 236 C/Ijaz Bhatti, S. 236 C/Richard Du Toit, S. 236 C/Ocean, S. 236 C/Ocean, S. 236 G/Beverly Joubert, S. 237 C/Paul Souders, S. 238 C/Martin Harvey, S. 238 C/Peter Johnson, S. 239 C/Richard Du Toit, S. 240 C/Richard Du Toit, S. 241C/Martin Harvey, S. 241 C/George Steinmetz, S. 241 C/George Steinmetz, S. 241 C/George Steinmetz, S. 241 C/George Steinmetz, S. 241 C/Richard Du Toit, S. 242 C/Ocean, S. 242 G/Daryl Balfour, S. 242 G/Wim van den Heever, S. 243 C/Richard Du Toit, S. 244 G/Chris Johns, S. 245 C/Richard Du Toit, S. 245 A/Burger, S. 245 A/Burger, S. 245 A/PhotoKratky, S. 245 L/Christian Heeb, S. 245 L/Christian Heeb, S. 245 M/Christian Heeb, S. 246 G/Chad Henning, S. 247 G/Alexander Nesbitt, S. 248 G/Chad Henning, S. 249 W. Kunth, S. 250/251 A/imagebroker, S. 252/253 G/Carson Ganci, S. 254 G/Pol Rebaque, S. 254 G/Peter Groenendijk, S. 255 G/Satellite Aerial Images, S. 256 G/David Tipling, S. 257 Jim Brandenburg, S. 258 C/George Steinmetz, S. 259 Geospace/EDC, S. 260 C/George Steinmetz, S. 260 C/George Steinmetz, S. 261 G/Paul Souders, S. 262 G/John Beatty, S. 263 G/Sergey Gorshkov, S. 264/265 Look/Andreas Strauss, S. 266/267 G/Franck Guiziou, S. 268 C/Martin Harvey, S. 268 A/Colin Mead, S. 269 G/Stocktrek, S. 270 G/Chris Simpson, S. 270 G/Franck Guiziou, S. 271 C/Julian Love, S. 272 C/Thomas Kokta, S. 273 G/Lucyna Koch, S. 273 C/Lee Frost, S. 273 C/Ocean, S. 273 G/Michael Poliza, S. 274 C/Martin Harvey, S. 275 G/Rafael Rojas, S. 276 L/Christian Heeb, S. 277 A/David Parker, S. 278 G/Roger De La Harpe, S. 278 G/Michael Lewis, S. 279 G/Satellite Aerial Images, S. 280 C/Vincent Grafhorst, S. 280 G/Richard Du Toit, S. 281 G/HPH Publishing, S. 282 G/Hougaard Malan, S. 282 G/Heinrich van den Berg, S. 283 G/Hougaard Malan, S. 284 G/Heinrich van den Berg, S. 285 C/Frans LantingS. 286 G/Rodger Shagam, S. 286 G/Martin Harvey, S. 287 G/Lanz von Horsten, S. 287 G/Lanz von Horsten, S. 287 G/Guenter Fischer, S. 287 G/Ariadne Van Zandbergen, S. 287 G/Ariadne Van Zandbergen, S. 287 G/Ariadne Van Zandbergen, S. 287 C/Piotr Naskrecki, S. 287 G/MICHAEL & PATRICIA FOGDEN, S. 287 G/Tim Jackson, S. 288 G/Hougaard Malan, S. 289 G/Hougaard Malan, S. 290 G/Kathrin Ziegler, S. 290 C/Martin Harvey, S. 291C/Carson Ganci, S. 291 G/Andy Nixon, S. 292 G/Panoramic Images, S. 293 G/Panoramic Images, S. 294 M/Michael Müller, S. 295 M/Michael Müller, S. 296/297 M/Michael Müller, S. 298 G/Panoramic Images, S. 298 G/Roger De La Harpe, S. 299 G/Rainer Schimpf, S. 300 G/Andy Nixon, S. 300 G/Roger De La Harpe, S. 301 G/Heinrich van den Berg, S. 301 A/James Osmond, S. 302 G/Lonely Planet, S. 302/303 G/Jan Greune, S. 303 G/Nigel J Dennis, S. 303 G/Nigel J Dennis, S. 307 G/George Brits, S. 318/319 G/Heinrich van den Berg, S. 325 G/George Brits, S. 306 G/Emil von Maltitz, S. 310 G/ Vincent Grafhorst, S. 316 M/Andrew Forsyth, S. 327 G/ Niels van Gijn, S. 311 G/Emil Von Maltitz, S. 309 G/Emil Von Maltitz, S. 306 G/Hugh Mackintosh, S. 314 C/Jon Hicks, S. 323 C/ Andy Rouse, S. 316 C/James Hager, S. 314 C/Doroszewicz & Clausen, S. 312 C/Topic Photo Agency, S. 322 C/Ann & Steve Toon, S. 316 C/James Hager, S. 328/329 C/Ron Nickel, S. 321 C/Red-billed Oxpecker, S. 320 C/Sean Russell, S. 308 G/Panoramic Images, S. 305 G/Heinrich van den Berg, S. 326 G/Joe Alblas, S. 304 G/Panoramic Images, S. 313 G/Martin Harvey, S. 312 G/Martin Harvey, S. 316 A/Ariadne Van Zandbergen, S. 316 A/AfriPics.com, S. 316 A/Caryn Becker, S. 317 A/Ann and Steve Toon, S. 324 G/Shaen Adey, S. 315 C/Paul Souders, S. 316
M/Jurgen & Christine Sohns, S. 330/331 C/Guid
A/PhotoStock-Israel, S. 332 A/Keren Su, S. 333
al Images, S. 334 C/Thomas Marent, S. 334 C/T
S. 334 G/Konrad Wothe, S. 335 C/Thomas Maren
lip Lee Harvey, S. 337 G/Thomas Marent, S. 337
fer, S. 337 C/Thomas Marent, S. 337 C/Thomas
C/Thomas Marent, S. 337 C/Thomas Marent, S. 3
ROBLES GIL, S. 337 G/Panoramic Images, S. 33
fer, S. 338 C/Frans Lanting, S. 338 C/Thomas Ma
Thomas Marent, S. 338 C/Konrad Wothe
Danita Delimont, S. 338 A/The Africa Image
C/Chris Hellier, S. 339 C/Thomas Marent, S. 340
S. 340 A/Dieter Wertz, S. 341 C/Pete Oxford, S.
Marent, S. 342 C/Thomas Marent, S. 342 C/Tho
342 G/Thomas Marent, S. 343, G/Thomas Maren
ril Ruoso, S. 345 G/Pete Oxford, S. 346 G/Satelli
S. 347 G/Gerard Soury, S. 347 G/Gerard Soury, S
Jean-Pierre, S. 348 H/G. Simeone, S. 348 G/Ian
G/Jean-Pierre Pieuchot, S. 350 L/DU BOISBER
S. 351 A/Charly lataste, S. 352 G/Chad Ehlers, S.
arch, S. 354 C/Radius Images, S. 355Geospace
356Premium/Transdia, S. 357 L/MASSIMO RIPA

© 2013 Kunth Verlag
GmbH & Co KG, München
Königinstr. 11
80539 München
Tel. +49.89.45 80 20-0

Fax +49.89.45 80 20-21
www.kunth-verlag.de
info@kunth-verlag.de

Printed in China

Text: Jakob Strobel y Serra